에브리데이 니팅 클럽

대바늘·코바늘로 뜨는
니트와 소품 13

Collect 34

에브리데이 니팅 클럽

대바늘·코바늘로 뜨는
니트와 소품 13

Everyday Knitting Club

동양북스

뜨개는 처음에 단순한 취미로 시작하는 경우가 많습니다. 예쁜 디자인을 보고 따라 만들고 싶은 마음에서 시작하여, 자신의 손끝에서 하나씩 작품들이 완성되는 과정 속 큰 만족감과 마음의 평안을 찾게됩니다. 그 작품들이 주는 작은 즐거움과 힐링은 취미의 범위를 넘어 점점 더 큰 열정으로 변하고, 뜨개를 통해 표현할 수 있는 다양한 기법과 디자인에 대한 관심이 더욱 깊어지기도 합니다.

뜨개란 그저 나를 위한, 나만의 작품을 만드는 행위처럼 보일 수 있지만, 시간이 흐르면서 그 과정은 점차 나의 마음과 삶을 돌보는 방법이 되기 시작합니다. 실과 바늘을 쥐고 반복되는 패턴 속에서 잠시 일상의 복잡함을 잊고, 나만의 시간을 갖게 되는 것이죠.

어느 순간, 그저 예쁜 무언가를 만드는 것에 그치지 않고 내가 진정으로 원하는 것이 무엇인지, 나의 마음이 무엇을 필요로 하는지에 대해 성찰하고는 합니다. 손끝에서 실이 엮이는 동안 내면의 소리에 귀를 기울이고, 마음의 평온을 찾게 되지요. 그때, 뜨개는 나를 돌보는 중요한 순간이 됩니다.

돌봄의 손길은 점차 나를 넘어 주변으로 확장되어 사랑하는 이들에게까지 전해집니다. 내가 만든 작고, 큰 작품들이 그들의 일상 속으로 스며들어 따뜻한 위로와 사랑이 되는 것이죠. 뜨개는 이제 나만을 위한 것이 아닌 내가 고른 실과 디자인 하나하나에 느낀 위로와 감동을 사랑하는 사람들에게 주는 선물이자, 마음을 전하는 방법의 하나가 됩니다. 그 작은 선물이 그들에게 전달될 때, 또 한 번 돌봄을 실천하며, 그 과정에서 큰 기쁨과 뿌듯함을 느낍니다.

뜨개라는 것이 처음에는 나를 돌보는 것에서 출발하지만, 시간이 지나면서 내가 사랑하는 사람들의 마음을 돌보는 방식으로 확장됩니다. 실과 바늘을 쥐고, 한 땀 한 땀 정성을 들여 만든 작품은 단순히 물리적인 물건을 넘어서, 나의 마음과 감정을 담은 따뜻한 손길로 변합니다. 그 작은 손길이 모여 만들어지는 돌봄의 힘은 우리 삶에 따뜻한 기쁨을 선사하며, 사랑하는 이들에게 전달되는 그 따스한 위로는 마음 깊숙이 전해져 큰 의미를 가집니다.

결국 뜨개는 나를 위한 돌봄을 넘어, 내 마음을 표현하고 사랑을 전하는 방법이 되어 주변 사람들의 삶에도 온기를 불어넣는 소중한 행위가 됩니다.

이 책은 열 명의 작가가 돌봄이라는 주제를 통해 담아내고자 한 열세 가지 작품을 담고 있습니다. 『에브리데이 니팅 클럽』을 통해 독자 여러분도 돌봄이란 것이 결국 작은 손길이 모여 만들어지는 것임을 느껴보시길 바랍니다. 한 땀 한 땀 마음을 담아 만든 작품들이, 여러분의 삶에 따뜻한 위로와 기쁨을 가져다 주기를… 돌봄이라는 것이 결국 그 작은 손길이 모여 이루어지는 것이니까요.

CONTENTS

PROLOGUE **004**

이 책을 보는 방법 **007**

(Part 1) 작품 만드는 법

겨울 바다 카디건 옷뜨는 김뜨개 **056**

나의 버선 손이화 **064**

바람 손수건 룻 아뜰리에 **068**

보자기 파우치 룻 아뜰리에 **072**

멀티 컬러 카디건 그물 작업실 **082**

루틴 양말 룹 **098**

케어 양말 룹 **102**

여름날 베스트 몬순 **108**

크로셰 패치워크 스타일 카디건 마이 리틀 피스 **118**

돌보는 마음 에이프런 김소연 **128**

돌보는 마음 팔토시 김소연 **136**

허그 미뇽 베스트 미뇽니트 **140**

품 카디건 아울라마 스투디오 **154**

(Part 2) 뜨개를 위한 기초

작품에 사용한 실 **170**

작품에 사용한 도구 **174**

게이지 알아보기 **176**

도안 읽기 **177**

대바늘 뜨개 약어 **180**

기본 기법 **181**

도안 수정 안내

- 도안에서 수정 사항이 있을 경우 우측 QR을 통해 확인할 수 있습니다. 또한 도안과 관련된 내용을 작가님께 직접 묻고 답 변받을 수 있습니다. 뜨개를 하다가 도안과 맞지 않아 의문점이 생길 경우 오류 업데이트가 되어 있지 않은지 체크 바랍니 다. 그외 궁금한 사항은 동양북스로 연락주시길 바랍니다.

- QR 코드를 통해 차트 도안 PDF를 다운로드 받을 수 있습니다.

이 책을 보는 방법

화보 페이지를 보고 원하는 작품을 선택하세요.
화보 페이지에서는 작가의 '뜨개와 돌봄'에 대한
짧은 에세이와 작품 만드는 법 페이지를
확인할 수 있어요.

필요한 실과 게이지를 확인하고 뜨개를 준비해요.
QR 코드를 참고해 작품의 이해를 도와요.
차트 도안이 있는 경우 한눈에 보면서 작품을 완성해요.

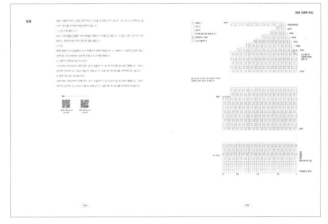

모르는 기법이 나오면 기본 기법 파트를 확인해요.
친절하고 상세한 과정별 사진으로 쉽게 배울 수 있어요.

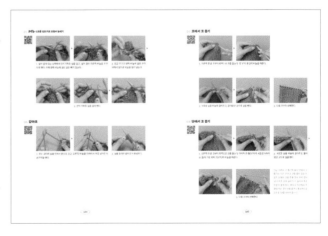

Kimtteugae

옷뜨는 김뜨개

쉬운 방법으로 뜨개 레시피를 만들어 옷 뜨는 과정을 소개합니다.

정신없이 지나가는 일상 속 내 마음이 닿는 모든 것에 나의 돌봄이 스치고 있음을 느낍니다. 집을 돌보고, 아끼는 물건을 살피고, 동물과 식물을 애정하고, 가족을 생각하며 나아가 내 주변 모든 것에 돌봄의 마음을 쓴다는 것을 확인합니다.

어느 날 문득 생각했습니다. 그 돌봄은 무엇으로부터 시작될까. 많은 것을 돌보고 가꾸는 것은 결국 '나'이고, 내가 없으면 그 어떤 돌봄도 이루어지지 않는다는 것을 깨달았습니다.

그렇다면 나는 무언가의 돌봄 없이 오롯이 혼자 설 수 있을까. 그렇지 않다면 나는 무엇으로부터 돌보아질지 생각합니다. '나'를 먼저 돌보아야 함을 느낍니다. '나'를 무엇으로 돌볼 수 있을까 생각하게 된 것이 이 작품의 시작이었습니다.

겨울 바다 카디건
How to make p.056

Son yee hua

손이화

무언가를 만드는 사람이 되고 싶었던 막연한 꿈이 있던 제가 자유롭게 표현이 가능한 뜨개를 만나게 되었습니다.
다양한 소재와 색을 사용하는 것을 좋아하고 뜨개로 여러 조각을 만들어냅니다.

돌봄이라는 키워드를 봤을 때 희생하는 이미지만 떠올랐습니다. 다른 사람에게 시간
과 마음을 주는 것에 대해서만 생각하다 보니 부담스러운 마음이 들기도 했습니다. 그
런데 이 주제에 대해서 계속 생각하고 돌이켜 보니 이제까지 저의 삶에 많은 사람의
돌봄이 있었다는 것을 알게 되었습니다. 심지어 집에 있는 반려견의 존재도 제 마음의
돌봄이 되어주었습니다.

돌봄은 저에게 있어 실천하는 움직임이라는 정의를 내렸습니다. 정적이지 않고 적극
적인 움직임입니다. 스스로를 돌보기 위해 기꺼이 운동하는 것, 구름(반려견)을 데리
고 집 밖을 나가 산책하는 것, 엉망인 집을 정리하는 것, 침대에 누워 쉬는 것마저 의
식적으로 행해야 할 때가 많습니다. 실은 엄청난 희생이 아니라 일상에서의 작은 움직
임만으로 충분하단 생각을 하게 되었습니다.

나의 버선
How to make p.064

Ruth atelier

어머니의 사랑을 마음에 새기며
그녀가 지나온 과정을 직접 내 손으로 그려내는 핸드메이드 작품을 소개합니다.

누군가를 돌본다는 것은 그 사람의 생각과 마음을 관찰하고 그들의 필요를 충족시키기 위해 최선을 다하는 것을 의미한다고 생각합니다. 이 과정에서 저 역시 보살핌을 받고 있으며, 돌봄의 전 과정을 볼 때 서로 교류하는 것도 돌봄의 한 형태라고 생각합니다.

지속적인 돌봄의 과정은 자신을 최우선으로 생각하게 되는데, 이는 이기적인 마음과의 다툼이 동반되는 것 같습니다. 나의 필요와 대상의 필요 사이에서 균형을 맞추기 위해 때로는 실패하고 승리하기 위한 반복적인 노력이 건강하고 배려하는 마음을 키우는 과정인 것 같습니다.

우리가 사랑하는 사람과 나를 배려하고, 돌보고, 채워주면서 지내는 것이 곧 사랑이므로, 장기적으로 어느 정도의 시간이 걸리더라도 한 방향이 아닌 양방향으로 흐르는 것이 사랑의 형태라고 생각합니다. 그 보살핌을 통해 사랑이 깊어지고 순환이 계속되는 구조를 만드는 것이 저의 꿈이자 최종 목적지라고 생각합니다.

바람 손수건
How to make p.068

보자기 파우치
How to make p.072

Gmoolwork

그물 작업실

우리의 손으로 하나하나 엮어 가는 많은 것을 만들어갑니다.

돌봄에 대해 깊이 생각해 보았을 때, 나 자신을 먼저 돌보아야 내가 사랑하는 존재들도 돌볼 수 있겠다는 생각이 들었습니다. 나의 삶은 어떤 방향으로 나아가야 할지 고민하던 시기에 뜨개를 시작하게 되었고, 이후 저 자신을 더욱 면밀히 돌볼 수 있게 되었습니다. 스스로가 단단해져야 타 존재(저에게는 반려묘) 또한 잘 돌볼 수 있다고 생각하기 때문에 더 나은 나를 위해, 저 자신을 열심히 돌보고 있습니다.

내가 어떤 사람인지, 무엇을 좋아하고 싫어하는지 항상 들여다 봅니다. 좋아하는 음악 장르, 색깔, 친구 등 빠르게 변화하는 환경 속에서도 나의 취향을 끊임없이 돌아보고 관찰하면서 만들어 나가고 있습니다. 나의 취향과 사랑하는 존재를 돌보며 마음이 채워지고 성장하는 것을 느끼며 그것이 사랑이 아닐까 하는 생각이 들었습니다.

멀티 컬러 카디건
How to make p.082

LOOOP

룹

하루를 시작하는 발걸음을 조금 더 행복하게 내디딜 수 있도록
LOOOP의 감각으로 풀어낸 작품을 소개합니다.

'LOOOP'이라는 브랜드로 온라인 클래스를 시작하고 나서 많은 업무량에 일이 너무 고되게 느껴졌던 시절. 바쁜 일과를 마치고 나서 잠을 필요 이상으로 너무 많이 자거나 사람과의 관계를 회피하는 스스로를 발견하였습니다.

이런 하루하루가 반복되다가 더 이상 이렇게 지낼 수 없다는 생각이 불현듯 들었을 때, 저는 더 나은 하루를 보내기 위해 내부의 고갈과 외부의 풍파로 인한 손상을 회복하고자 노력했습니다. 저에게는 이것이 '나를 위한 돌봄'이었습니다.

스스로를 돌보는 시간을 가지면 마음이 한결 편안해지고 주변 환경 또한 정돈됩니다. 또한 돌봄을 통해 내 마음의 상태와 환경이 개선되면 무너진 자존감이 회복되고, 이렇게 얻은 긍정적인 감정은 주변 사람도 돌볼 수 있는 여유를 주는 것 같습니다.

저는 당장 부양해야 할 가족이나 자식이 없기에 그동안 제가 행해 왔던 돌봄은 대부분 스스로에게 집중되었는데, 지금까지의 경험을 되짚어 보니 '나 자신을 돌보는 일에 끝이 있을까?'라는 생각이 문득 들었습니다. 누군가를, 혹은 무언가를 돌보는 행위는 살다 보면 자연스레 행하게 되는 것이기에 돌봄의 궁극적인 목적지는 계속되는 돌봄을 통해 도달하게 되는 편안한 상태, 즉 '안분지족'과 가깝지 않을까 하고 막연하게 상상해 봅니다.

루틴 양말
How to make p.098

케어 양말
How to make p.102

monsoon

몬순

계절감을 담은 뜨개 작품을 디자인합니다.
몬순을 통해 지금을 정성스럽게 사는 경험을 나누고 싶습니다.

제가 돌보고 있는 대상은 바로 나 자신, 가족과 집 그리고 식물입니다. 제 삶에 식물이
들어온 뒤부터 식물을 들여다보는 일로 하루를 시작합니다. 나를 방치하면 생활하는
공간 또한 어수선해지고, 주변 사람을 다정하게 대하는 것도 어렵다는 생각이 들었습
니다. 식물의 안부를 챙기고 집을 정돈하고 가족과 시간을 보내려면 저부터 온전해야
하죠. 스스로를 돌볼 줄 알아야 주변도 돌볼 수 있습니다.

혼자 일을 하게 되면서 나 자신을 돌보는 데 충분한 에너지를 쓰고 있습니다. 주변을
잘 돌보고 싶기 때문입니다. 진정한 돌봄은 지속성이 필요하다고 생각합니다. 염려나
걱정을 앞세우기보다 관심을 두고 살펴 대상에 대해 제대로 알아가는 것이 중요합니
다. 그렇게 지속된 돌봄이 생활 속에 들어와 살아갈 힘을 보태줄 것이라고 믿습니다.

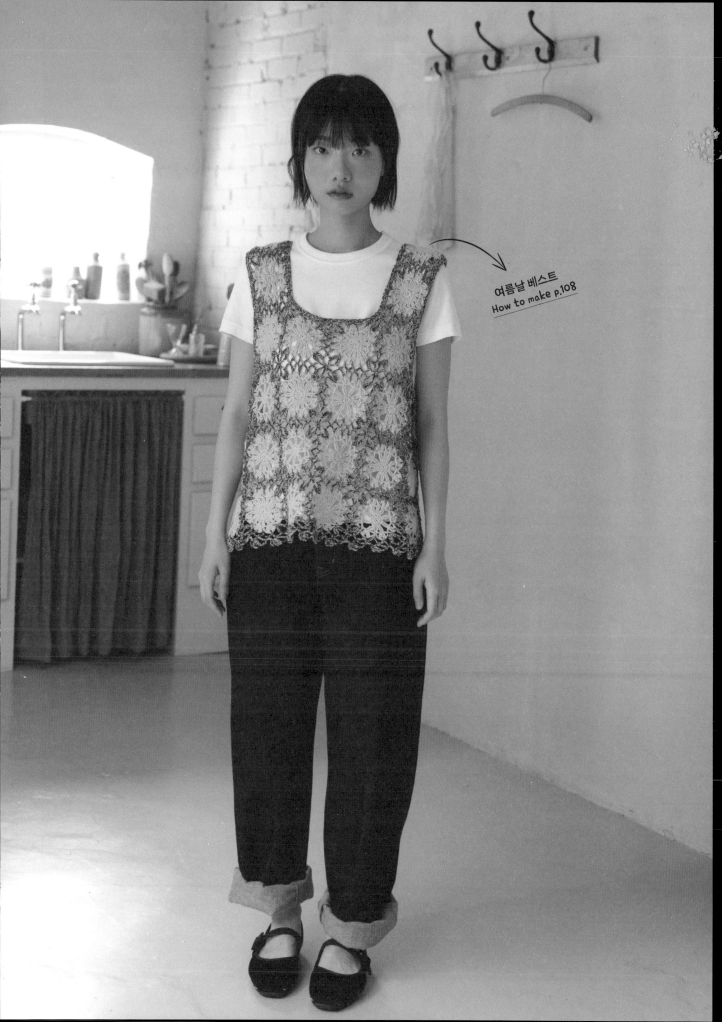

여름날 베스트
How to make p.108

my little peace

뜨개가 가진 매력을 잃지 않으면서
마이 리틀 피스만의 감성이 들어간 디자인을 선보입니다.

뜨개는 예전부터 저에게 뿌듯함과 만족감을 느끼게 해주고 그런 감정들로 나 스스로
에 대한 자신감을 높여주는 매개체였어요. 그런 뜨개가 조금 다른 의미로도 다가오
는 계기가 있었어요. 코로나가 시작되면서 다니던 회사가 타격을 받았고, 원래 불안
이 높은 편이었던 저는 그 불안이 크게 터져버렸어요.

불안으로 마음이 무너지니 생활 전반에 영향을 끼쳐서 이겨내려고 수많은 노력을 했
는데 그중 도움이 된 게 뜨개였어요. 그 당시 읽었던 책에서 불안을 이기기 위해 제시
하는 행동이 명상과 몸 움직이기였는데 뜨개는 그 두 가지를 동시에 할 수 있는 행위
라고 생각했고, 뜨개를 하며 불안이 서서히 괜찮아졌어요. 이 일을 계기로 저는 나 자
신을 제대로 돌본 적이 있는가 하는 생각을 하게 되었고 뜨개를 통해 나의 마음을 돌
보는 법을 터득한 거죠.

자신의 마음을 돌보는 건 그 어느 존재를 돌보는 것보다 중요하다고 생각해요. 나 자
신을 돌보지 않으면 스스로가 무너져 타 존재를 돌볼 수 없는 상태가 되므로 결국 돌
봄이 궁극적으로 향하고 있는 곳은 나 자신이에요. 또한 타 존재를 돌보는 것도 나의
마음을 쓰는 것이므로 내 마음에 귀를 기울이는 것 자체로 나의 마음도 보살핌을 받게
된다고 생각해요. 그래서 결국 타 존재를 돌보는 것도 나를 돌보는 것에 귀결되는 거죠.

크로셰 패치워크 스타일 카디건
How to make p.118

Jolup Kim

김소연

실로 그림을 그리듯 작업합니다. 시선이 가는 것들을 이미지로 풀어내 기록하며,
무엇이든 저를 닮은 것을 계속해서 만들어가려 노력합니다.

제게 돌봄은 상대방 또는 나 자신을 인지하는 것에서부터 시작합니다. 상대방의 괜찮지 않음을, 자신의 불안정함을 알아챈 후 각자의 필요를 돌아보고, 조심스럽게 그 필요를 채워주려 노력합니다. 한번 누군가를 돌봐야겠다고 생각하면 그 대상이 좋음을 볼 때까지, 혹은 내게 주어진 시간이 끝났구나라는 확신이 들 때까지 마음을 씁니다. 그래서 다른 존재를 돌보는 일은 제게 많은 결심이 필요한 일입니다.

제 자신을 돌볼 때에도 마찬가지의 과정을 겪지만, 사실 훨씬 더 어렵습니다. 생각보다 나 스스로에게 솔직하지 못해 지금 내게 정말로 필요한 것, 원하는 것을 정확히 파악하지 못하기 때문이죠. 내 마음이 꼬일 대로 꼬여 어디서부터 손을 대어야 할 지 모르는 상태가 되기 전에 일상의 순간순간에서 나를 계속 돌아보려 합니다. 밖으로 나가 걷거나 정성을 담아 준비한 한 잔의 음료와 함께 보내는 고요한 시간을 통해서요.

돌보는 마음 에이프런
How to make p.128

돌보는 마음 팔토시
How to make p.136

MignonKnit

미뇽니트

사랑을 담아내는 뜨개, 그 시간을 공유합니다.

돌봄 또는 돌보다라는 단어를 생각할 때 가장 먼저 떠오르는 것은 '아이'입니다. 아이가 태어나면서 아이에게만 집중할 수 있도록 저의 생활도 많이 바뀌었고, 아이만을 위한 것이 많아졌습니다. 어찌 보면 갑작스러운 삶의 변화에 처음에는 부정적인 생각과 무력감을 느꼈지만, 때로는 아이를 위해서라면 뭐든지 할 수 있는 원더우먼이 되기도 했습니다. 이런 우여곡절 속에서도 저를 지탱해 준 것이 뜨개였고, 뜨개를 통해 스스로를 돌아보는 계기가 되었습니다.

뜨개를 하지 않았더라면, 아이들이 커서 내 시간이 많아져도 스스로를 돌보지 못하고 방황하지 않았을까 생각합니다. 아이를 돌보는 일은 지금의 내 삶이고, 내 삶이 행복해지려면 나 자신을 돌보는 것이 행복을 찾는 길인데, 저는 뜨개를 통해 그 길을 찾았습니다. 비록 지금은 나를 오롯이 돌볼 수 있는 시기가 아닐지라도 언젠가는 온전히 나 자신을 돌볼 수 있는 날이 올거라 기대하고 있습니다.

허그 미농 베스트
How to make p.140

Owllama Studio

아울라마 스투디오

니트와 크로셰가 선사하는 위로와 뜨개 작품이 지닌 소중함을 많은 이에게 전달합니다.

관심은 마음의 움직임에서 시작되는 것 같습니다. 제가 좋아하는 것을 주로 살피고 관리하게 되는데, 일본의 손뜨개 사범이었던 어머니의 영향으로 시작한 뜨개가 이제는 제가 좋아하는 일이 되었습니다.

'아울라마 스투디오'를 운영하며 친근한 이야기와 독특한 디자인이 담긴 DIY 키트 작업 외에도, 일상에서 특별함을 찾아내어 그림과 글로 기록하고, 오랜 기억이나 상상 혹은 자연으로부터 영감을 받은 스토리를 그 특별함과 교차시켜 섬유 작업으로 담아내고 있습니다. 이를 통해 우리 생활 속에서 확장될 수 있는 니트와 크로셰의 방향을 더욱 유쾌하게 제시하고, 다양한 시도를 통해 작업의 스펙트럼을 넓혀가고 있습니다.

작품과 키트를 판매하면서 우리의 마음은 구매자에게 더 쏠리는 것 같습니다. 내가 좋아하는 것이나 느끼는 것이 어느 정도 순환이 되어야 한다는 생각이 들었습니다. 우리가 어떤 보답을 기대하지 않더라도 보살핌을 받는 대상이 고마운 마음을 느끼지 않는다면 내가 행하는 돌봄에 고통이 수반된다는 점을 인식하게 되었습니다.

그리하여 나의 마음이 평안해야 나 자신과 주변 사람에게도 위로를 건넬 수 있고, 반대로 내가 어렵고 나약할 때도 위로를 받는 일에 의연해져야 한다고 생각합니다. 결국 묵묵히 나만의 작업에 몰입하고, 이어 나가는 행위 자체가 나를 위한, 혹은 세상을 향한 일종의 돌봄이자 위로가 될 것입니다.

품 카디건
How to make p.154

Everyday Knitting Club

❖ ❖ ❖ ❖

Kimtteugae

Son yee hua

Ruth atelier

Gmoolwork

Looop

monsoon

my little peace

Jolup Kim

MignonKnit

Owllama Studio

Part 1
작품 만드는 법

겨울 바다 카디건

옷뜨는 김뜨개
Kimtteugae

나를 숨 쉬게 하는 바다를 상상합니다. 시린 바다, 바람이 거칠고 파도가 세찬 바다,

깊이를 알 수 없어 푸름이 어둠이 되는 바다, 거칠고 날카로운 바닷바람이 가슴속에

움켜쥐고 있던 것들을 낚아채 갑니다. 가슴이 뻥 뚫리고 숨이 쉬어집니다. 숨을 여러 번 크게 쉽니다.

내가 다시 깨끗해지고 단단해짐을 느낍니다. 푸르고 시린 색감의 실을 고르고

거친 바다의 바람과 파도를 상상하니 '드라이브무늬'가 떠올랐습니다.

드라이브무늬를 메인 무늬로 정하고, 가터무늬와 메리야스무늬를 곁들여 눈을 감으면

떠오르는 바다를 표현했습니다. 이 옷을 입고 있으면 나도 모르는 시원함이 몸을 감싸고,

그것은 다시 나를 깨끗하고 단단하게 해줄 것입니다.

READY

- **사이즈** one size
- **가슴 단면** 49cm
- **총 기장** 49cm
- **소매 기장** 63.5cm
- **암홀 단면** 18cm
- **게이지** 16코 44단(4.5mm 대바늘, 7.6×13.6cm [무늬 차트 1])
  22코 27.5단(4.5mm 대바늘, 10×10cm 메리야스무늬)
- **실** 겨울정원 83 마린 7볼
- **바늘** 3.5mm 대바늘, 4.5mm 대바늘(케이블 40cm, 80cm)
- **그외** 시작 마커 1개, 돗바늘, 가위, 단추(지름 18mm) 5개
- **진행 유의 사항**
  – 몸판은 아래에서 위로 떠올라가는 바텀업입니다.
  – 몸판 무늬는 드라이브무늬, 메리야스무늬, 가터무늬를 사용하며 차트를 활용하여 뜹니다.
  – 소매는 메리야스무늬로 진행하며, 소매 윗부분에서 코를 주워 아래로 떠내려갑니다.
  – 몸판 뜨기는 통으로 시작해 암홀 지점부터 앞판(우), 뒤판, 앞판(좌)을 나누어 순서대로 뜹니다.

[몸판 뜨기]

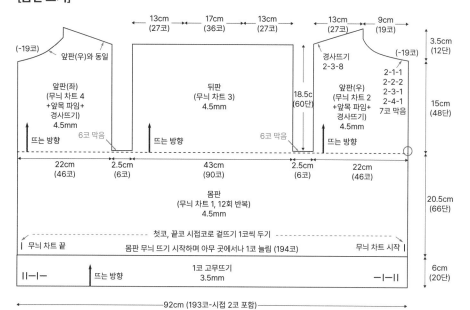

13cm
(27코)
17cm
(36코)
13cm
(27코)
13cm
(27코)
9cm
(19코)

(-19코)
앞판(우)와 동일

앞판(좌)
(무늬 차트 4
+앞목 파임+
경사뜨기)
4.5mm

뒤판
(무늬 차트 3)
4.5mm

경사뜨기
2-3-8

(-19코)

2-1-1
2-2-2
2-3-1
2-4-1
7코 막음

앞판(우)
(무늬 차트 2
+앞목 파임+
경사뜨기)
4.5mm

3.5cm
(12단)

15cm
(48단)

18.5c
(60단)

뜨는 방향
6코 막음
뜨는 방향
6코 막음
뜨는 방향

22cm
(46코)
2.5cm
(6코)
43cm
(90코)
2.5cm
(6코)
22cm
(46코)

몸판
(무늬 차트 1, 12회 반복)
4.5mm

20.5cm
(66단)

첫코, 끝코 시접코로 겉뜨기 1코씩 두기
무늬 차트 끝
몸판 무늬 뜨기 시작하며 아무 곳에서나 1코 늘림 (194코)
무늬 차트 시작

||—|—
뜨는 방향
1코 고무뜨기
3.5mm
—|—||

6cm
(20단)

92cm (193코-시접 2코 포함)

○ 여기부터 앞판(우), 뒤판, 앞판(좌) 편물을 나누어 순서대로 뜬다.

[칼라&버튼밴드 뜨기]

1코 고무뜨기 3.5mm
3cm (8단)

37코

44코
44코

버튼밴드
1코 고무뜨기
3.5mm

43.5cm
(107코)

3cm
(8단)

단춧구멍(버튼밴드 5단에 진행)
13코 ○╳ 20코 ○╱ 20코 ○╳ 20코 ○╱ 20코 ○╳ 4코

[소매 뜨기]

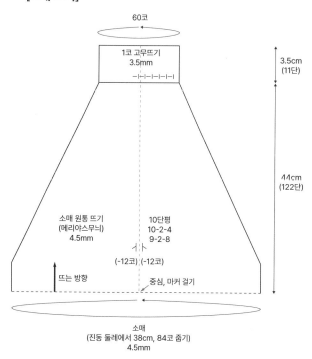

60코

1코 고무뜨기
3.5mm

—|—|—|—|—

3.5cm
(11단)

소매 원통 뜨기
(메리야스무늬)
4.5mm

10단평
10-2-4
9-2-8

(-12코) (-12코)

44cm
(122단)

뜨는 방향
중심, 마커 걸기

소매
(진동 둘레에서 38cm, 84코 줍기)
4.5mm

몸판

1. 80cm 케이블을 연결한 3.5mm 바늘에 일반코 193코를 잡고 겉면에서는 [(겉1, 안1) 반복, 마지막 1코 겉], 안면에서는 [(안1, 겉1) 반복, 마지막 1코 안]을 20단 진행합니다.

2. 4.5mm 바늘로 교체하여 몸판 무늬를 진행합니다.

- 몸판 무늬는 [무늬 차트 1]을 참고하며, 첫 코와 마지막 코는 시접코로 겉뜨기로 1코씩 둔 후 무늬 차트를 시작하고 끝냅니다.

- 몸판 무늬를 시작하는 첫 단 아무 곳에서 1코 늘림하여 총 194코로 증감 없이 66단까지 진행합니다.

3. 몸판 67단부터 앞판(우), 뒤판, 앞판(좌) 편물을 나누어 순서대로 뜹니다.

4. 앞판(우)는 46코로 [무늬 차트 2(앞판, 우)]를 참고하여 증감 없이 진행 후 [앞목 파임 차트]를 이용해 19코를 줄여줍니다.

- 앞목 파임을 마친 후 [경사뜨기 차트]를 참고하여 경사뜨기 진행 후 덮어씌워 코 막음해줍니다.

5. 앞판과 뒤판 사이, 암홀 지점에서 6코 덮어씌워 코 막음해줍니다.

6. 뒤판은 90코로 [무늬 차트 3(뒤판)]를 참고하여 126단 진행 후 덮어씌워 코 막음해줍니다.

- 뒤판은 경사뜨기가 없으며, 앞판의 경사뜨기가 반으로 접혀 뒤판과 공유됩니다.

7. 앞판(좌)을 4번 과정과 동일하게 떠줍니다. [무늬 차트 4(앞판, 좌)]를 확인합니다.

8. 몸판을 모두 뜬 후 양쪽 어깨 각 27코를 뒤판과 메리야스 잇기로 이어줍니다.

QR ———

드라이브무늬

칼라&버튼밴드

1. 칼라는 3.5mm 바늘로 125코를 주워 1코 고무뜨기를 8단 진행 후 덮어씌워 코 막음해줍니다.

2. 버튼밴드는 3.5mm 바늘로 겉면을 바라본 상태에서 양쪽 각각 107코를 주운 후 1코 고무뜨기를 8단 진행합니다. 앞판(우) 버튼밴드 5단에서 바늘 비우기와 왼코 중심 2코 모아 겉뜨기로 단춧구멍을 5개 만듭니다.

소매

1. 40cm 케이블을 연결한 4.5mm 바늘로 겨드랑이 부분에서 시작해 앞 진동에서 42코, 뒷 진동에서 42코 총 84코를 주워줍니다.

2. 시작과 마지막 코 사이에 마커를 걸고 메리야스무늬를 원통으로 8단 진행합니다.

3. 9번째 단에서 마커 양쪽으로 1코씩 줄여준 후 [소매 뜨기]의 줄임 표식을 참고하여 양쪽 각 12코씩 줄여줍니다(84코→60코). 9단에 2코씩 8회 줄임, 10단에 2코씩 4회 줄임, 이후의 10단은 줄임 없이 평단으로 뜹니다.

4. 총 122단을 뜬 후 3.5mm 바늘로 교체하여 1코 고무뜨기를 11단 뜬 후 돗바늘 마무리합니다.

5. 반대쪽 소매도 동일하게 진행합니다.

[무늬 차트 1]

이 차트를 66단까지 반복합니다.

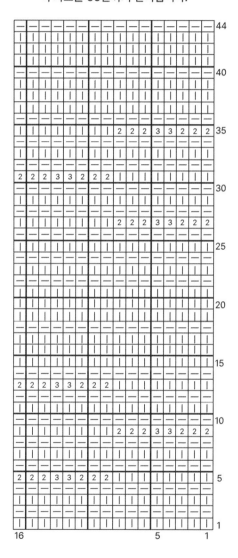

$\boxed{\ \vert\ }$	겉뜨기
$\boxed{\ -\ }$	안뜨기

2 2 2 3 3 2 2 2 = (드라이브무늬)

2번 감기   3번 감기

[무늬 차트 2(앞판, 우)]

이 차트를 114단까지 반복 후 [앞목 파임 차트]를 진행합니다.

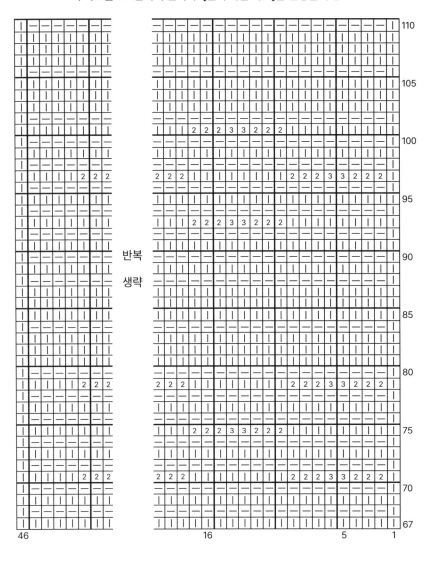

| | 겉뜨기 |

| — | 안뜨기 |

| 2 | 2 | 2 | 3 | 3 | 2 | 2 | 2 | = (00)(00)(00)(00)(00)(00)(00)(00) 드라이브무늬
                                    2 2 2 3 3 2 2 2
                              (00) 2번 감기   (00) 3번 감기
                               2   3

[무늬 차트 3(뒤판)]

이 차트를 126단까지 반복 후 덮어씌워 코 막음합니다.

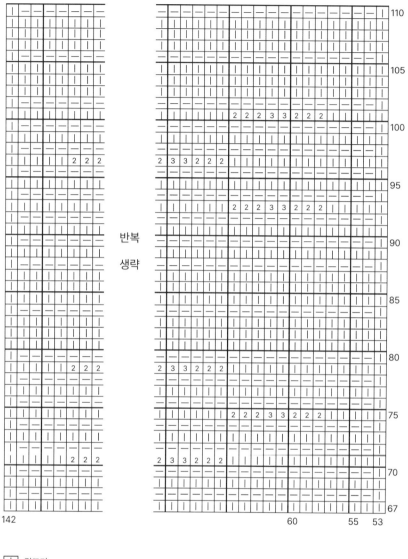

반복

생략

142   60   55   53

| | 겉뜨기

— 안뜨기

| 2 | 2 | 2 | 3 | 3 | 2 | 2 | 2 | = (드라이브무늬)

2번 감기   3번 감기

[무늬 차트 4(앞판, 좌)]

이 차트를 115단까지 반복 후 [앞목 파임 차트]를 진행합니다.

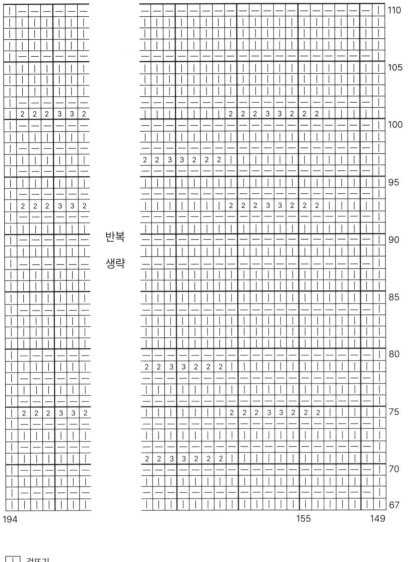

반복

생략

	겉뜨기
—	안뜨기

2 2 2 3 3 2 2 2 = 드라이브무늬

2번 감기   3번 감기

[앞목 파임 차트]

앞판(우)와 앞판(좌)의 줄임 시작점은 1단 차이납니다.
앞목 파임(126단)을 마친 후 경사뜨기를 진행합니다.

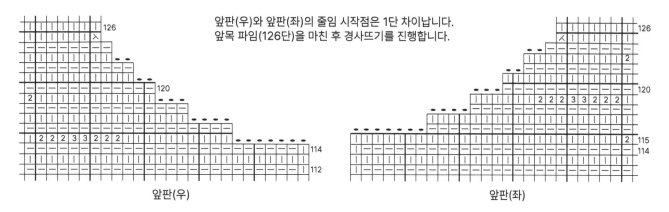

앞판(우)

앞판(좌)

[경사 뜨기 차트]

경사뜨기는 독일식 경사뜨기를 사용합니다.
앞판(좌)는 144단을 뜨고 덮어씌워 코 막음, 앞판(우)는 143단을 뜨고 덮어씌워 코 막음합니다.

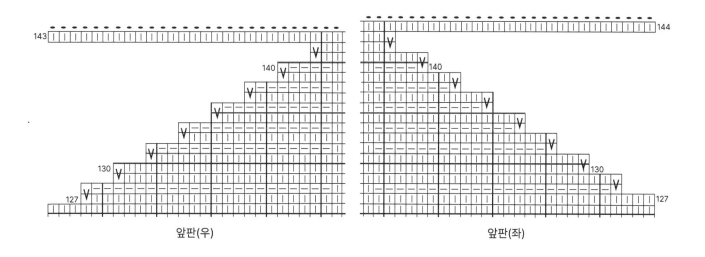

앞판(우)

앞판(좌)

나의 버선

망설임 없이 누군가를 반길 때 '버선발로 나가다'라는 말로 종종 비유됩니다.

저에게 돌봄은 망설임 없는 행동과 희생을 떠올리게 합니다. 항상 버선발로

현관으로 나와 문을 열어 주시던 할머니, 그래서인지 버선의 모양을 보고 있으면

마음이 따뜻합니다. 누군가를 향한 사랑의 발걸음을 버선의 형태로 표현해 보았습니다.

두 가지 버전으로 만든 버선은 각각 다른 매력이 있습니다. 슬로우스텝 실을 사용한 버선은 정갈하며,

세븐이지와 포그니로 만든 버선은 마치 광대의 신발처럼 재미난 모양입니다.

발목의 고무단은 재미난 형태를 더욱 강조하였습니다.

READY

- **사이즈** one size

  [슬로우스텝 ver.] 발 길이: 21cm / 발 폭: 9cm / 높이: 15.5cm

  [세븐이지 ver.] 발 길이: 23cm / 발 폭: 8cm / 높이: 15cm

- **게이지** [슬로우스텝 ver.] 22코 42단(3.5mm 대바늘, 10×10cm 가터무늬 *슬로우스텝 2합)

  [세븐이지 ver.] 16코 32단(5mm 대바늘, 10×10cm 메리야스무늬 *세븐이지 1합)

- **실** [슬로우스텝 ver.] 슬로우스텝 132 진가지, 107 올리브, 125 검정 각 1볼

  *슬로우스텝 버전은 2합을 잡고 뜹니다.

  [세븐이지 ver.] 세븐이지 805 진가지, 802 그린, 소프트볼륨 625 진목단 각 1볼

- **바늘** [슬로우스텝 ver.] 3.5mm 싱글포인트 대바늘, 코바늘 5호(3.0mm)

  [세븐이지 ver.] 5mm 싱글포인트 대바늘, 5mm 줄바늘(길이 80cm)

- **그외** 마커 2개

- **진행 유의 사항**

  이 작품은 사각 편물을 만들고 돗바늘로 형태를 이은 후 발목을 떠올라가며 완성합니다.

【슬로우스텝 ver.】

발바닥

1. 3.5mm 싱글포인트 바늘과 A실(132 진가지, 2합)로 일반코 51코를 잡아줍니다.

1단(겉면) A실로 모두 겉뜨기

2단(안면) 겉16, PM, 안1, 겉17, PM, 안1, 겉16

3단(겉면) A실을 그대로 두고 B실(107 올리브, 2합)로 실을 바꾸어 모두 겉뜨기

4단(안면) 겉16, PM, 안1, 겉17, PM, 안1, 겉16

위 1~4단을 14번 더 반복합니다(총 60단).

*개인의 발 사이즈에 맞추어 발뒤꿈치부터 발가락 전 부분까지의 길이로 진행합니다.

단, 마지막 단은 안면에서 끝나야 합니다.

발가락

1. 줄임 없이 고무단 12단 뜨기

고무단을 진행할 때 겉면에 겉뜨기 모양으로 두 줄이 보입니다. 겉면을 바라본 상태에서 C실(125 검정, 2합)로 바꾸어 줍니다. 이전 실은 10cm 정도 남기고 잘라냅니다. 겉뜨기 모양을 살리면서 1코 고무뜨기를 떠줍니다.

1단(겉면) 1코 남을 때까지 [겉1, 안1] 반복, 겉1

2단(안면) 1코 남을 때까지 [안1, 겉1] 반복, 안1

위 1~2단을 반복해 총 12단 진행합니다.

2. 고무단 줄임&마무리

1단(겉면) [겉1, 안1] 7번 반복, skpo, 겉1, k2tog, [안1, 겉1] 6번 반복, 안1, skpo, 겉1, k2tog, [안1, 겉1] 7번 반복

2단(안면) [안1, 겉1] 7번 반복, 안3, [겉1, 안1] 6번 반복, 겉1, 안3, [겉1, 안1] 7번 반복

3단(겉면) [겉1, 안1] 6번 반복, 겉1, k2tog, 겉1, skpo, [겉1, 안1] 5번 반복, 겉1, k2tog, 겉1, skpo, [겉1, 안1] 6번 반복, 겉1

4단(안면) [안1, 겉1] 6번 반복, 안1, 안3, [안1, 겉1] 5번 반복, 안1, 안3, [안1, 겉1] 6번 반복, 안1

5단(겉면) [겉1, 안1] 6번 반복, k2tog, 겉1, k2tog, [안1, 겉1] 4번 반복, 안1, k2tog, 겉1, k2tog, 겉1, k2tog, [안1, 겉1] 6번 반복

실을 35~40cm 정도 남기고 잘라줍니다.

돗바늘에 실을 꿰어 실이 달리지 않은 반대쪽 코부터 차례로 꿰어 줍니다. 중간중간 조금씩 실을 당기면서 꿰어 주세요. 모두 꿰었으면 실을 당겨 코들을 동그랗게 모아준 후 발끝 부분에 구멍이 생기지 않도록 십자가 방향으로 바느질해 줍니다(영상 참고).

이제 남은 실로 발등 부분을 이어줍니다. 편물을 겉면끼리 마주보게 접은 상태에서 고무단과 가터뜨기 16단째까지 코와 코의 위치를 맞추어 옆선을 이어주면 발등 부분이 완성됩니다. 이후 실을 매듭 짓고 편물 안쪽에 숨기고 뒤집습니다. 발뒤꿈치도 모양을 맞추어 작업합니다.

발목

1. 짧은뜨기 1단

코바늘 5호로 뒤꿈치 끝부분부터 첫 코를 시작합니다. 가터뜨기 2단 당 짧은뜨기 1코를 뜨며 짧은뜨기 1단을 원형으로 떠줍니다(영상 참고). 뒤꿈치와 발목 쪽 빼뜨기 연결 부분이 벌어지지 않도록 유의합니다. 총 42코로 뜨는 사람마다 콧수에 약간의 차이가 있을 수 있습니다. 개인의 발목 사이즈에 맞추어 진행합니다.

2. 한길긴뜨기 8단

기둥코(사슬뜨기 3코), 나머지 코 모두 한길긴뜨기, 빼뜨기

3. 짧은뜨기 1단

마지막 단은 짧은뜨기로 한 바퀴 뜬 후 마무리합니다.

QR

참고 영상

【세븐이지 ver.】

발바닥

5mm 싱글포인트 바늘과 A실(세븐이지 805 진가지)로 일반코 35코를 잡아줍니다.

1단(겉면) 모두 겉뜨기

2단(안면) 겉11, 안1, 겉11, 안1, 겉11

1~2단을 22번 더 반복합니다(총 46단).

*개인의 발 사이즈에 맞추어 발뒤꿈치부터 발가락 전 부분까지의 길이로 진행합니다.

단, 마지막 단은 안면에서 끝나야 합니다.

발가락 ◆ 1. 줄임 없이 고무단 10단 뜨기

고무단을 진행할 때 겉면에 겉뜨기 모양으로 두 줄이 보입니다. 겉면을 바라본 상태에서 B실 (소프트볼륨 625 진목단)로 바꾸어 줍니다. 이전 실은 10cm 정도 남기고 잘라냅니다. 겉뜨기 모양을 살리면서 1코 고무뜨기를 떠줍니다.

1단(겉면) 1코 남을 때까지 [안1, 겉1] 반복, 안1

2단(안면) 1코 남을 때까지 [겉1, 안1] 반복, 겉1

위 1~2단을 총 10단 진행합니다.

2. 고무단 줄임&마무리

1단(겉면) [안1, 겉1] 4번 반복, 안1, k2tog, 겉1, k2tog, [안1, 겉1] 3번 반복, 안1, k2tog, 겉1, k2tog, [안1, 겉1] 4번 반복, 안1

2단(안면) [겉1, 안1] 4번 반복, 겉1, 안3, [겉1, 안1] 3번 반복, 겉1, 안3, [겉1, 안1] 4번 반복, 겉1

3단(겉면) [안1, 겉1] 4번 반복, k2tog, 겉1, k2tog, [겉1, 안1] 2번 반복, 겉1, k2tog, 겉1, k2tog, [겉1, 안1] 4번 반복

4단(안면) [겉1, 안1] 4번 반복, 안3, [안1, 겉1] 2번 반복, 안1, 안3, [안1, 겉1] 4번 반복

실을 35~40cm 정도 남겨 잘라줍니다.

돗바늘에 실을 꿰어 실이 달리지 않은 반대쪽 코부터 차례로 꿰어 줍니다. 중간중간 조금씩 실을 당기면서 꿰어 주세요. 모두 꿰었으면 실을 당겨 코들을 동그랗게 모아준 후 발끝 부분에 구멍이 생기지 않도록 십자가 방향으로 바느질해 줍니다. 소프트볼륨은 실이 약하니 살살 당겨주세요.

이제 남은 실로 발등 부분을 이어줍니다. 편물을 겉면끼리 마주보게 접은 상태에서 고무단과 가터뜨기 16단째까지 코와 코이 위치를 맞추어 옆선을 이어주면 발등 부분이 완성됩니다. 이후 실을 매듭 짓고 편물 안쪽에 숨기고 뒤집습니다. 발뒤꿈치도 모양을 맞추어 작업합니다.

발목 ◆ 1. 코 숨기

5mm 줄바늘(길이 80cm)과 C실(세븐이지 802 그린)로 뒤꿈치 끝부분부터 원형으로 코를 주워줍니다. 가터뜨기 2단 당 1코씩 주워 주세요. 뒤꿈치와 발목 쪽 연결 부분이 벌어지지 않도록 유의합니다. 총 32코로 뜨는 사람마다 콧수에 약간의 차이가 있을 수 있으나 짝수가 되도록 주워 주세요. 개인의 발목 사이즈에 맞추어 진행합니다.

2. 1코 고무뜨기 20단

1코 고무뜨기를 20단을 진행합니다.

3. 돗바늘 마무리

1코 고무단 돗바늘 마무리합니다.

발이 들어가는 부분이므로 여유 있게 마무리합니다.

바람 손수건

롯 아뜰리에
Ruth atelier

산들바람이 지나가는 모습을 표현한 패턴 손수건입니다. 나뭇잎이 부딪히는 소리가
시원하게 들려오는 듯한 느낌을 떠올렸습니다. 모헤어 실과 얇은 면실을 합사하여 부드럽고
뽀얀 재질감을 가지며 바늘 비우기 기법을 사용해 유려한 흐름을 표현하였습니다.
또한 아이코드 기법을 사용하여 손수건 전체의 에징을 깔끔하게 둘러주어
완성도 있게 마감하였습니다. 들고 다닐 수 있는 작은 사이즈와 집에 걸어 두며 사용할 수 있는
조금 더 큰 사이즈로 만들어 원하는 용도에 맞게 사이즈 조절이 가능합니다.
당신의 하루 중에 손을 닦고 잠시 쉬어갈 수 있는 시간을 선물하는 손수건이 되길 바랍니다.

READY

- **사이즈** S (M)

  S: 31.5×40cm, M: 26.5×36cm
- **게이지** 19.5코 31단(3.5mm 대바늘, 10×10cm 메리야스무늬 *바당 2합+모락 모헤어 1합)
- **실** 바당 910 실버베이지, 911 아이보리, 모락 모헤어 301 화이트 각 1볼

  *바당 1합(컬러 1)+1합(컬러 2)+모락 모헤어 1합(총 3합)을 동시에 잡고 뜹니다.
- **바늘** 3mm 대바늘(케이블 80cm), 3호 코바늘(2.3mm)
- **그외** 돗바늘, 가위
- **진행 유의 사항**

  편물 네 개의 면이 아이코드 기법으로 마감된 손수건입니다. 아이코드 코 잡기로 시작하여 양쪽 아이코드 처리와 함께 도안대로 무늬를 떠줍니다. 바늘 비우기와 코 줄임 기법으로 만들어진 바람구멍으로 패턴이 형성됩니다. 완성 후 코바늘 아이코드 기법으로 손잡이를 달아주면 행잉 형태의 손수건으로도 사용 가능합니다.

1. 80cm 케이블을 연결한 3mm 바늘에 아이코드 코 만들기를 이용해 65 (85)코를 잡아줍니다.

2. [차트]를 참고하며 양쪽 3코는 아이코드 에징으로 처리하며 떠줍니다.

- 도안은 M 사이즈 기준으로 작성되었습니다. S 사이즈는 1코부터 S코까지 뜨다가 S'코로 넘어가 이어서 떠줍니다. 단수는 똑같이 적용됩니다.

사이드 아이코드 에징 방법

홀수단(겉면) 양쪽 아이코드 3코는 안뜨기 방향으로 거르고 나머지는 도안대로 뜨기

짝수단(안면) 양쪽 아이코드 3코는 겉뜨기로 뜨고 나머지는 도안대로 뜨기

3. 아이코드 코 막음합니다.

상단에 고리 만드는 방법

1. 3호 코바늘을 이용해 손수건 가운데 무늬 오른쪽 안뜨기 3코 바로 옆 겉뜨기 코부터 새로운 실을 걸어 사슬 코를 4코 만든 후 아이코드 기법으로 15단을 떠줍니다.

2. 손수건의 8코를 띄우고 9번째 코(안뜨기가 시작되는 코)에 뒤에서 앞으로 바늘을 찔러준 뒤 실을 끌어와 첫 번째 코만 통과하여 빼줍니다. 사슬 코를 1코 만들고 바늘에 걸린 다음 코에 통과하여 빼줍니다. 다음 코에 바늘을 찔러 총 4번 반복한 뒤 실을 자르고 돗바늘 마무리합니다.

QR

아이코드 기법   고리 만들기

점선 표시는 도안상 거리가 떨어져 있지만
실제로는 붙어 있다는 표시입니다.

[차트]

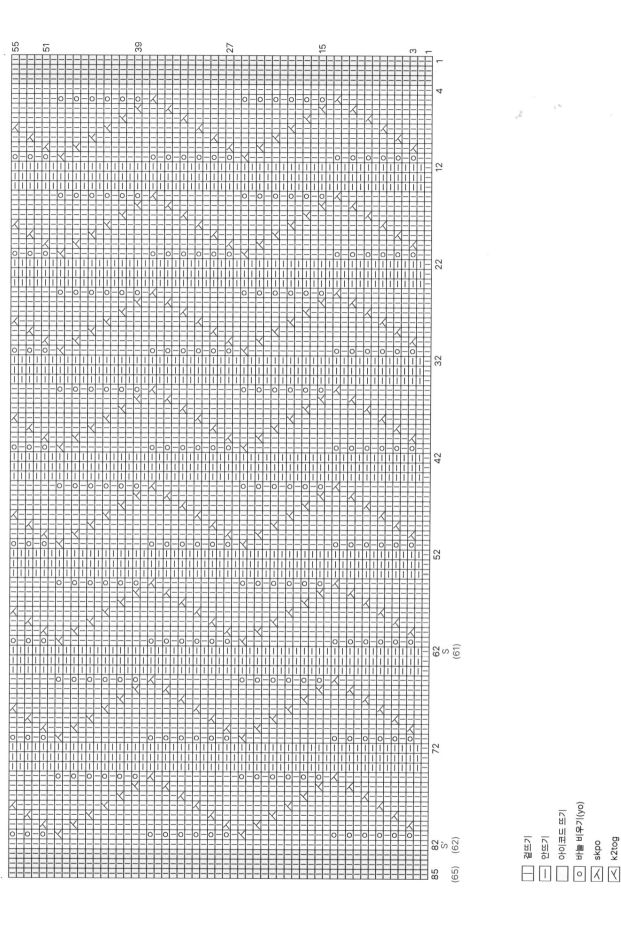

겉뜨기
안뜨기
아이코드 뜨기
바늘 비우기(yo)
skpo
k2tog

보자기 파우치

룻 아뜰리에
Ruth atelier

보자기는 물건을 싸는 작은 천을 뜻하는 말입니다. 조선시대에는 복을 싸둔다 뜻으로도
쓰였다고 합니다. 단순히 물건을 싸는 도구가 아닌 다른 이와의 소통 도구로서
내면의 마음을 싸는 도구로 쓰인 우리나라의 전통적인 포장 도구입니다.
이러한 보자기의 의미를 담아 사랑하는 사람을 위한 마음을 전하는 파우치를 만들어 보았습니다.
보자기로 물건을 감싸 묶은 실루엣을 표현하였으며 안쪽 주머니를 양쪽 주머니 모서리로 묶어 사용할 수 있
습니다. 사랑하는 사람에게 전하고 싶은 물건을 담아두거나 '나'를 사랑하는 마음으로
자신을 위한 소중한 것들을 담아두는 따뜻한 파우치가 되길 바랍니다. 모헤어 실과 면실을 합사하여
특유의 잔털감과 부드러운 재질을 갖고 있습니다. 빛바랜 듯한 옅은 회색의 색상과
생기를 가득 머금은 짙은 청록색의 색상으로 제작하였습니다.

READY

- **사이즈** one size(24.5×96cm)
- **게이지** 19.5코 31단(3.5mm 대바늘, 10×10cm 메리야스무늬 *바당 4합+모락 모헤어 1합)
- **실** 바당 컬러 1, 컬러 2, 모락 모헤어 각 1볼

  *바당 2합(컬러 1)+바당 2합(컬러 2)+모락 모헤어 1합(총 5합)을 동시에 잡고 뜹니다.

  *샘플에 사용된 색상
  - 연회색(바당 910 실버베이지, 911 아이보리, 모락 모헤어 301 화이트)
  - 청록색(바당 940 틸그린, 941 헌터그린, 모락 모헤어 315 다크민트)
- **바늘** 3.5mm 대바늘 2개(케이블 60cm)
- **그외** 마커 2개, 돗바늘, 가위
- **진행 유의 사항**

  물건이 들어가는 주머니는 원통으로 뜨고, 고무뜨기가 되어있지 않은 아래쪽 구멍을 막아 보자기 한쪽 날
  개를 만들어줍니다. 원통의 남은 위쪽 구멍 바깥쪽 면에서 반대쪽 날개를 만들어 보자기 형태의 파우치가
  완성됩니다.

[사이즈]

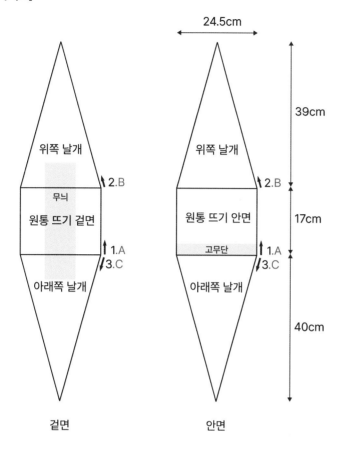

24.5cm

39cm

위쪽 날개

무늬

원통 뜨기 겉면

2.B

1.A
3.C

17cm

아래쪽 날개

겉면

위쪽 날개

원통 뜨기 안면

고무단

2.B

1.A
3.C

40cm

아래쪽 날개

안면

주머니 ◆ 1. 60cm 케이블을 연결한 3.5mm 바늘에 일반코 안면 50코, 겉면 51코 총 101코를 만들어줍니다.

- 원통 뜨기 안면에 해당하는 50코는 신축성 있는 코 잡기(German twisted cast on)로 잡으면 더욱 신축성 있는 고무단을 만들 수 있습니다.

- 안면과 겉면의 경계에 마커를 양쪽에 하나씩 걸어 표시합니다.

2. [원통 뜨기 안면], [원통 뜨기 겉면] 차트를 참고하여 A단부터 시작합니다. 안면은 고무단 4단 후 메리야스무늬, 겉면은 무늬뜨기로 총 54단을 떠줍니다.

3. 원통 뜨기 안면 50코만 1단을 더 떠 준 후 겉면 차례일 때 별도의 3.5mm 바늘을 사용하여 안면과 겉면을 반으로 접어 겹쳐서 떠줍니다. 이때 겉뜨기 모양은 겉뜨기로, 안뜨기 모양은 안뜨기로 떠줍니다(총 51코).

- 겉면 무늬 정 가운데의 꼬아뜨기 3코 중 가운데 1코는 겹치지 않고 단독으로 떠줍니다.

QR ——

참고 영상

위쪽 날개 ◆ 1. [위쪽 날개 차트]를 참고하여 양쪽 아이코드 에징(연두색 표시)과 줄임단, 평단을 반복하여 날개를 만들어줍니다.

- 4번째 단부터는 바당실 1합을 제외하고 총 4합으로 떠줍니다. 제외된 실은 매듭을 짓고 편물 안쪽에 숨겨줍니다. 연회색은 911을 제외하고, 청록은 940을 제외합니다.

QR ——

아이코드 에징

2. 마지막 5코는 덮어씌워 코 막음합니다.

아래쪽 날개

1. 원통 뜨기 안면(A')의 양쪽 끝 2코씩, 총 4코를 포함하여 원통 뜨기 겉면 51코를 보이는 무늬 대로 주워줍니다. 이때 꼬아뜨기 부분을 줍기 어렵다면 일반 겉뜨기 방향으로 주운 후 코를 뒤집어도 됩니다(총 55코 줍기).

QR ——
코 줍기

2. [아래쪽 날개 차트]를 참고하여 양쪽 아이코드 에징(연두색 표시)과 줄임단, 평단을 반복하여 날개를 만들어줍니다.
– 7번째 단부터는 바탕실 1합을 제외하고 총 4합으로 떠줍니다. 연회색은 911을 제외하고, 청록은 940을 제외합니다.

3. 마지막 5코는 덮어씌워 코 막음합니다.

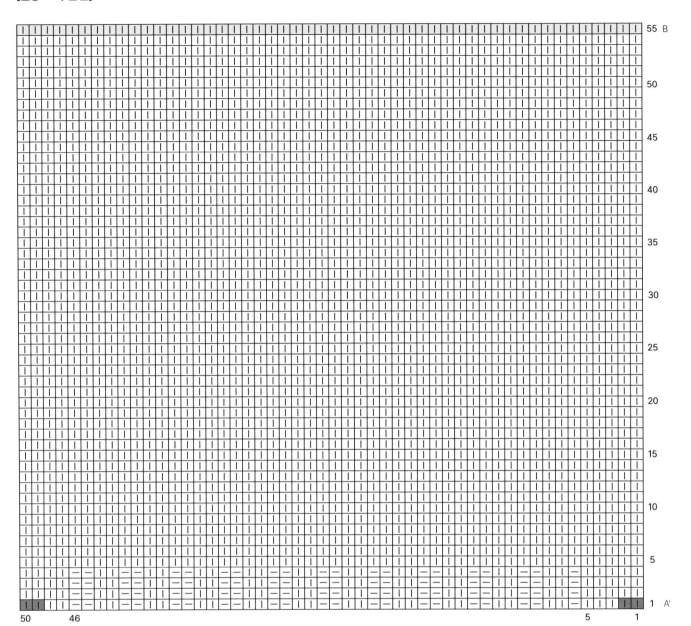

□ 겉뜨기
− 안뜨기

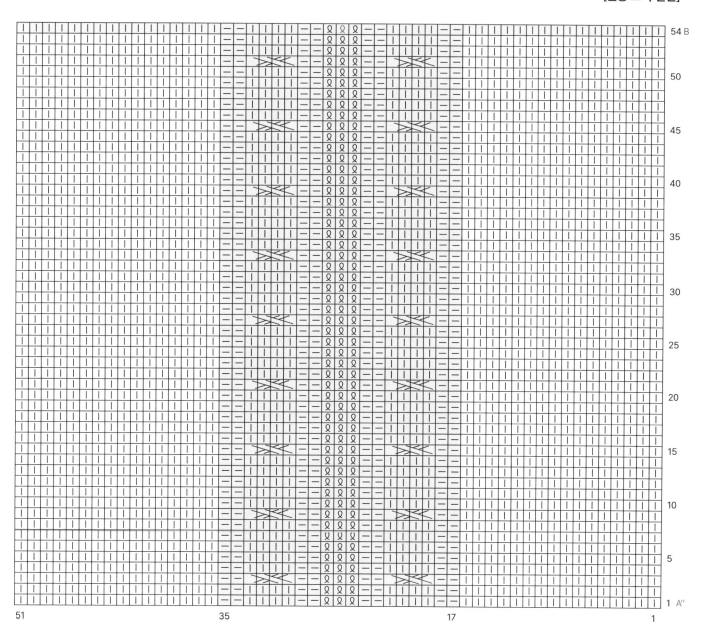

	겉뜨기
—	안뜨기
Ω	꼬아뜨기
⟩⟨	오른코 위 2코 교차뜨기

[위쪽날개]

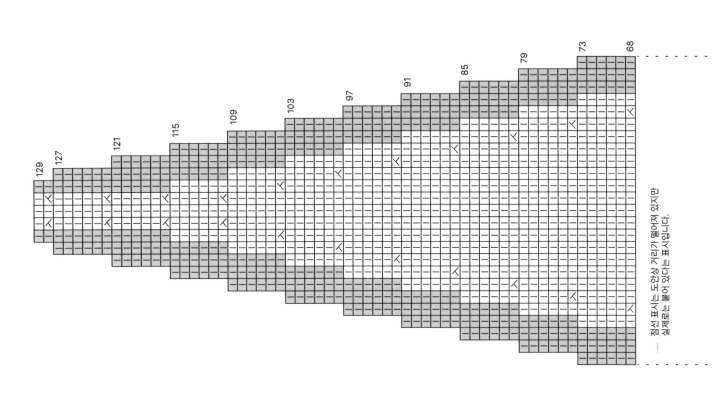

겉뜨기
안뜨기
아이코드 뜨기
꼬아뜨기
skpo
k2tog
오른코 위 2코 교차뜨기

129
127
121
115
109
103
97
91
85
79
73
68

점선 표시는 도안상 거리가 떨어져 있지만
실제로는 붙어 있다는 표시입니다.

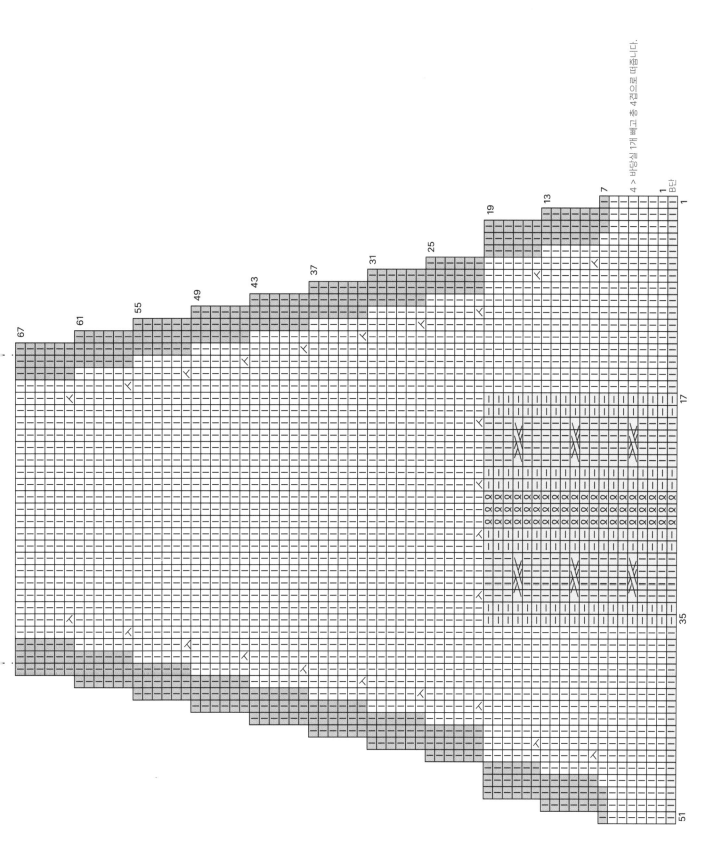

[아래쪽 날개]

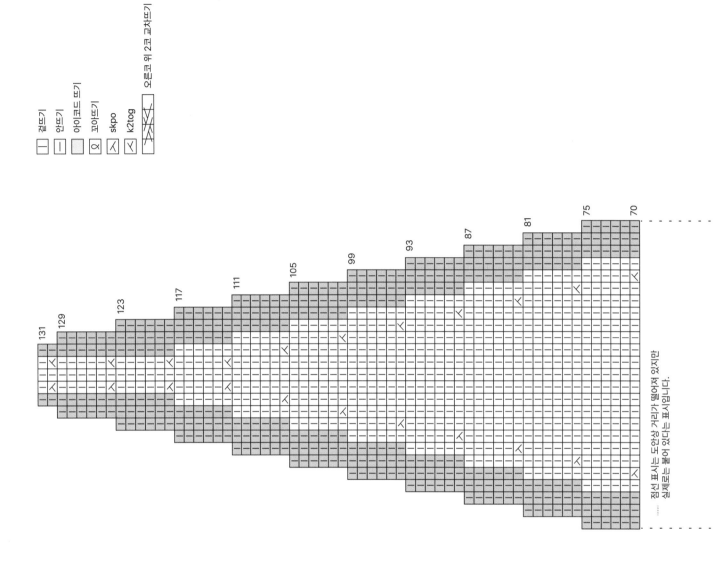

겉뜨기
안뜨기
아이코드 뜨기
꼬아뜨기
skpo
k2tog
오른코 위 2코 교차뜨기

점선 표시는 도안상 거리가 떨어져 있지만
실제로는 붙어 있다는 표시입니다.

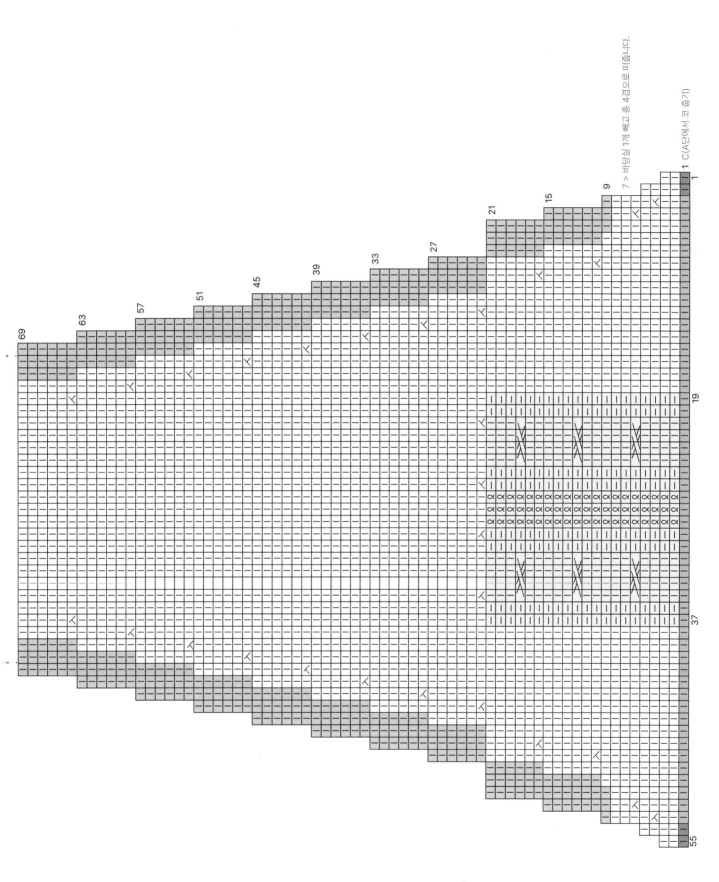

7 > 바탕실 1개 빼고 총 4겹으로 떠줍니다.

1 C(A단에서 코 줄기)

Multi Color Cardigan
멀티 컬러 카디건

그물 작업실
Gmoolwork

우리가 관심을 두고 보살피는 존재는 다양합니다. 나 자신을 돌보기 시작으로 다양한 대상으로의
'돌봄'이 확장되어 갑니다. 나는 어떤 것을 좋아하는 사람인지, 무엇을 하고 싶은 사람인지
나의 '취향'을 돌보는 것이 바로 돌봄의 시작이 아닐까요? 멀티 컬러 카디건은 다양한 경험과 시간을 통해
쌓아오고 돌봐온 나의 취향을 하나의 편물에 여러 가지 컬러와 텍스처로 표현한 카디건입니다.
얇고 부드러운 촉감을 가진 실을 5합으로 사용해 뛰어난 보온성과 고급스러운 질감을 가지고 있으며
다양한 컬러 조합과 캐주얼한 실루엣으로 빈티지한 무드를 나타냅니다.
자유롭고 실용적인 아이템인 멀티 컬러 카디건으로 나의 취향을 나타내보세요!

READY

- **사이즈** one size
- **가슴 단면** 60cm
- **총기장** 75cm
- **소매 기장** 56cm
- **암홀 단면** 24cm
- **게이지** 14코 22단(7mm 대바늘, 10×10cm 걸쳐뜨기무늬 *폭스 5합)
- **실** 폭스 135 연팥색, 140 카민레드, 155 연카키, 163 브릭, 900 진베이지, 1240 진자주, 1316 남색,
  1622 검정, 9607 진회색M 각 1볼, 13 검정M, 156 연데님, 9501 아이보리 각 2볼, 158 연커피,
  1533 진밤, 9603 연회색M 각 3볼
  *5합을 잡고 뜹니다.
- **바늘** 7mm 대바늘, 케이블(60cm, 80cm)
- **그외** 마커 12개, 안전핀 4개, 돗바늘, 가위, 토글 단추(길이 6cm) 5개
- **진행 유의 사항**
  1. 바텀업으로 뜨는 아우터 형태의 넉넉한 핏의 원사이즈 카디건입니다.
  2. 다양한 조합의 배색이 적용된 디자인으로 컬러 차트를 확인해가며 뜹니다.
  3. 뜨개 순서를 익힌 후 차트 도안과 상세 설명을 함께 보며 진행합니다.
  ① 뒤판 ② 앞판 ③ 버튼밴드 ④ 어깨 잇기 ⑤ 옆선 잇기 ⑥ 소매 ⑦ 칼라

[걸쳐뜨기무늬]

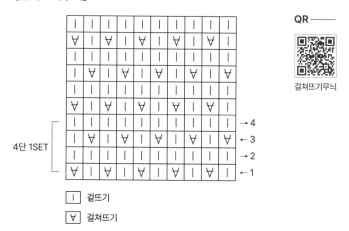

QR ——
걸쳐뜨기무늬

4단 1SET

→ 4
← 3
→ 2
← 1

| I | 겉뜨기 |

| ∀ | 걸쳐뜨기 |

[컬러 차트]

한 세트의 컬러 차트가 끝나면 약 10cm 정도 실을 남기고 실을 잘라줍니다. 새로운 컬러 차트의 실도 약 10cm 정도 실을 남기고 첫 코를 뜬 다음 두 꼬리실을 살살 묶어줍니다. 편물을 다 뜨면 매듭을 단단히 하여 돗바늘을 사용해 꼬리실을 시접에 숨겨줍니다.

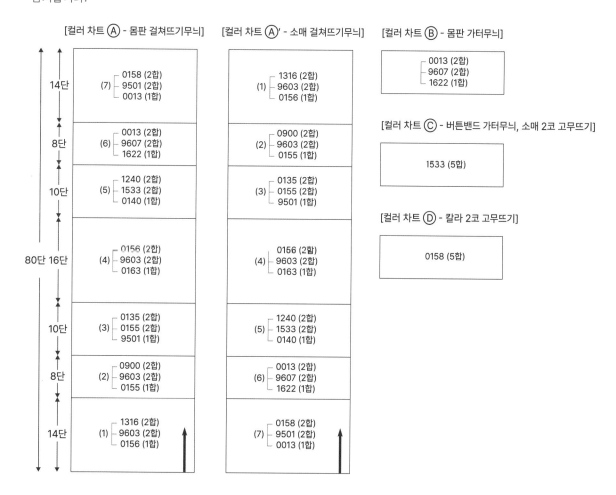

[컬러 차트 Ⓐ - 몸판 걸쳐뜨기무늬]

(7)
- 0158 (2합)
- 9501 (2합)
- 0013 (1합)
14단

(6)
- 0013 (2합)
- 9607 (2합)
- 1622 (1합)
8단

(5)
- 1240 (2합)
- 1533 (2합)
- 0140 (1합)
10단

(4)
- 0156 (2합)
- 9603 (2합)
- 0163 (1합)
16단

(3)
- 0135 (2합)
- 0155 (2합)
- 9501 (1합)
10단

(2)
- 0900 (2합)
- 9603 (2합)
- 0155 (1합)
8단

(1)
- 1316 (2합)
- 9603 (2합)
- 0156 (1합)
14단

80단

[컬러 차트 Ⓐ' - 소매 걸쳐뜨기무늬]

(1)
- 1316 (2합)
- 9603 (2합)
- 0156 (1합)

(2)
- 0900 (2합)
- 9603 (2합)
- 0155 (1합)

(3)
- 0135 (2합)
- 0155 (2합)
- 9501 (1합)

(4)
- 0166 (2합)
- 9603 (2합)
- 0163 (1합)

(5)
- 1240 (2합)
- 1533 (2합)
- 0140 (1합)

(6)
- 0013 (2합)
- 9607 (2합)
- 1622 (1합)

(7)
- 0158 (2합)
- 9501 (2합)
- 0013 (1합)

[컬러 차트 Ⓑ - 몸판 가터무늬]

- 0013 (2합)
- 9607 (2합)
- 1622 (1합)

[컬러 차트 Ⓒ - 버튼밴드 가터무늬, 소매 2코 고무뜨기]

1533 (5합)

[컬러 차트 Ⓓ - 칼라 2코 고무뜨기]

0158 (5합)

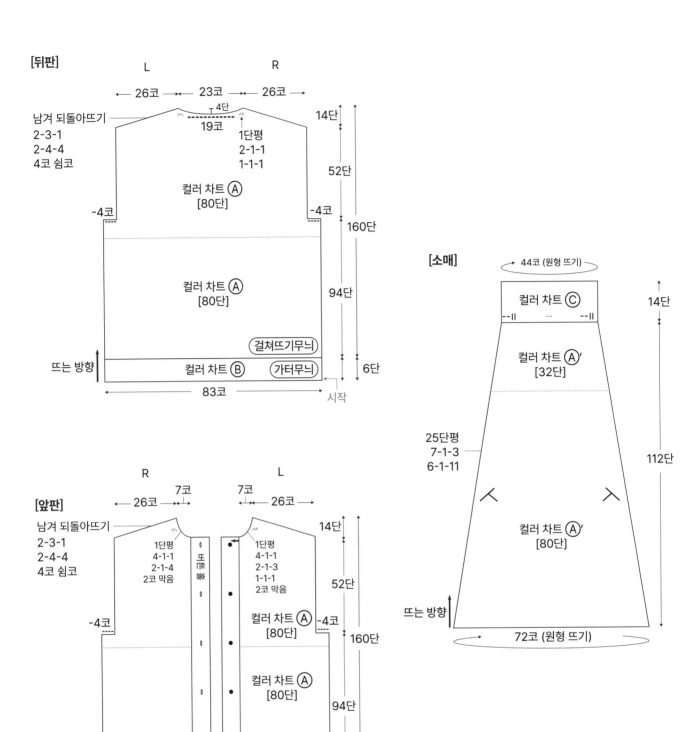

[뒤판]

L   R

←26코→ ←23코→ ←26코→

남겨 되돌아뜨기
2-3-1
2-4-4
4코 쉼코

T 4단
19코

14단

1단평
2-1-1
1-1-1

-4코   -4코

컬러 차트 Ⓐ
[80단]

52단

160단

컬러 차트 Ⓐ
[80단]

94단

걸쳐뜨기무늬

뜨는 방향

컬러 차트 Ⓑ   가터무늬

6단

←   83코   →

시작

[소매]

→ 44코 (원형 뜨기)

컬러 차트 Ⓒ

--ll   ...   --ll

14단

컬러 차트 Ⓐ′
[32단]

25단평
7-1-3
6-1-11

112단

컬러 차트 Ⓐ′
[80단]

뜨는 방향

72코 (원형 뜨기)

[앞판]

R   L

←26코→ ←7코→ ←7코→ ←26코→

남겨 되돌아뜨기
2-3-1
2-4-4
4코 쉼코

1단평
4-1-1
2-1-4
2코 막음

뜨는 방향

1단평
4-1-1
2-1-3
1-1-1
2코 막음

14단

52단

-4코   -4코

컬러 차트 Ⓐ
[80단]

160단

컬러 차트 Ⓐ
[80단]

94단

걸쳐뜨기무늬

뜨는 방향

컬러 차트 Ⓑ

가터무늬

6단

← 37코 → ← 37코 →

컬러 차트 Ⓒ
[12단]

뒤판

[뒤판 차트] 도안을 참고하여 4단 1SET로 반복되는 걸쳐뜨기무늬를 1단부터 160단까지 떠줍니다.

1. 코 잡기 및 밑단 뜨기

80cm 케이블을 연결한 7mm 바늘로 일반코 83코를 잡아줍니다. 코 잡은 단은 1단으로 약속합니다. 2단부터 6단까지 가터무늬로 떠줍니다.

2. 진동

95단(겉면)의 시작 부분에서 오른쪽 진동을 4코 코 막음하고, 96단(안면)의 시작 부분에서는 왼쪽 진동을 4코 코 막음해줍니다.

3. 양쪽 어깨 경사&왼쪽 어깨 경사 및 네크라인

147단부터 155단까지 양쪽 어깨에 남겨 되돌아뜨기를 동시에 진행합니다. 남겨 되돌아뜨기 하는 부분에서 뜨는 실에 마커를 걸어 표시합니다. 다음 되돌아뜨기 할 때 마커를 보고 위치를 확인할 수 있습니다.

156단(안면)에서 안뜨기를 8코 뜨고 편물을 겉면으로 뒤집어 왼쪽 어깨 경사 및 네크라인을 마무리합니다.

160단(마지막 단)까지 뜨고 어깨너비의 3~4배 길이 정도의 실을 남기고 실을 자른 후 26코를 안전핀에 걸어 둡니다. 어깨 잇기에 사용할 여분의 실입니다.

4. 오른쪽 어깨 경사 및 네크라인

156단(안면)에서 새 실을 걸어 덮어씌워 코 막음(19코)하고 오른쪽 어깨 경사 및 네크라인을 마무리합니다. 160단(마지막 단)까지 뜨고 어깨너비의 3~4배 길이 정도의 실을 남기고 실을 자른 후 26코를 안전핀에 걸어둡니다. 어깨 잇기에 사용할 여분의 실입니다.

QR

양쪽 어깨 경사,
왼쪽 어깨 경사 및 네크라인

오른쪽 어깨 경사 및
네크라인

[뒷판 차트]

160단
160단(정리단) →
159단
158단
157단
156단
155단
154단
153단
152단
151단
150단
149단
148단 →
147단
127단

159단(정리단) →
새실 걸기

겉뜨기
안뜨기
걸쳐뜨기
덮어씌워 코 막음
ssk
k2tog
남겨 되돌아뜨기
마커에 걸린 실과 함께 겉뜨기

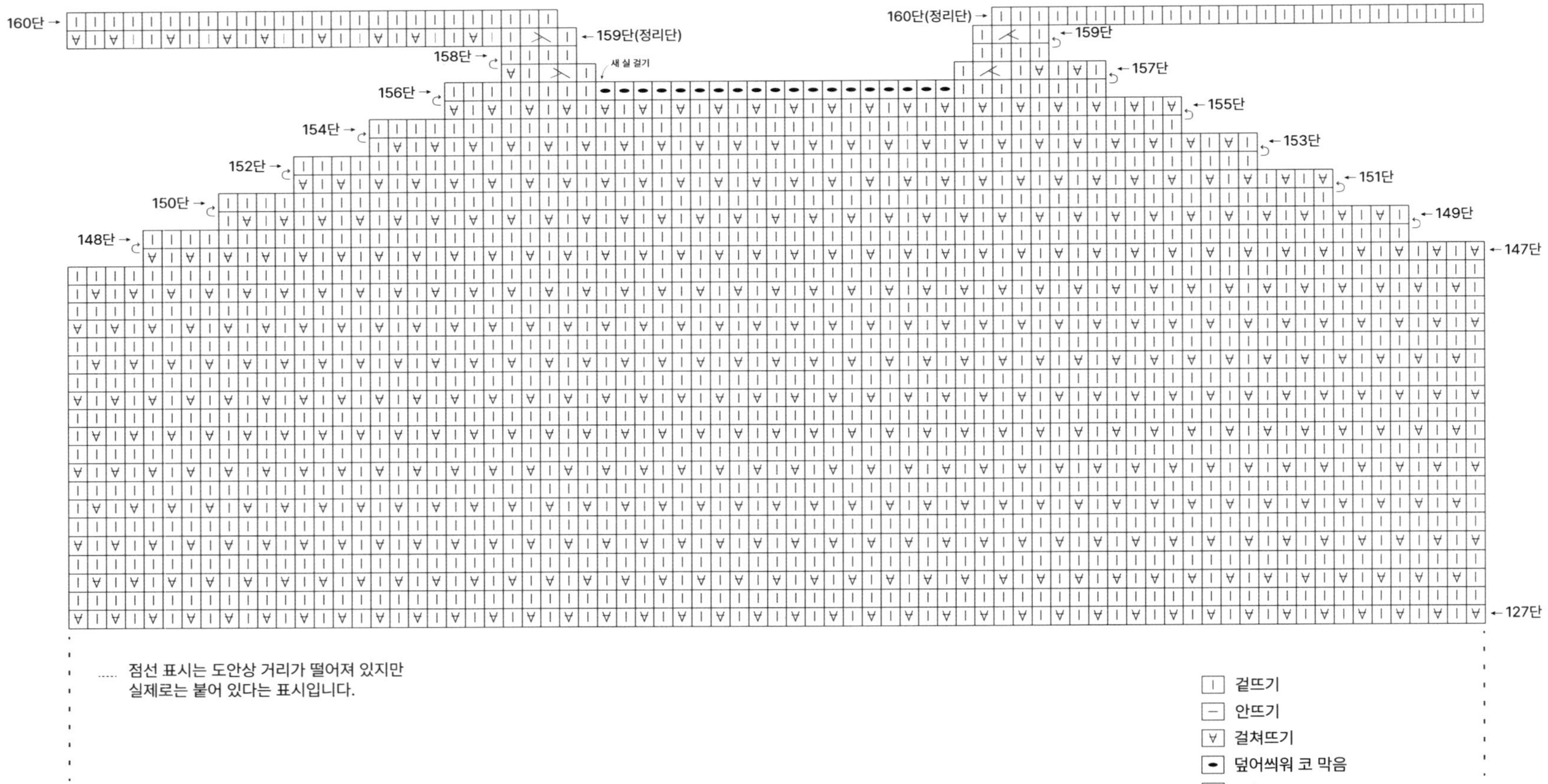

점선 표시는 도안상 거리가 떨어져 있지만
실제로는 붙어 있다는 표시입니다.

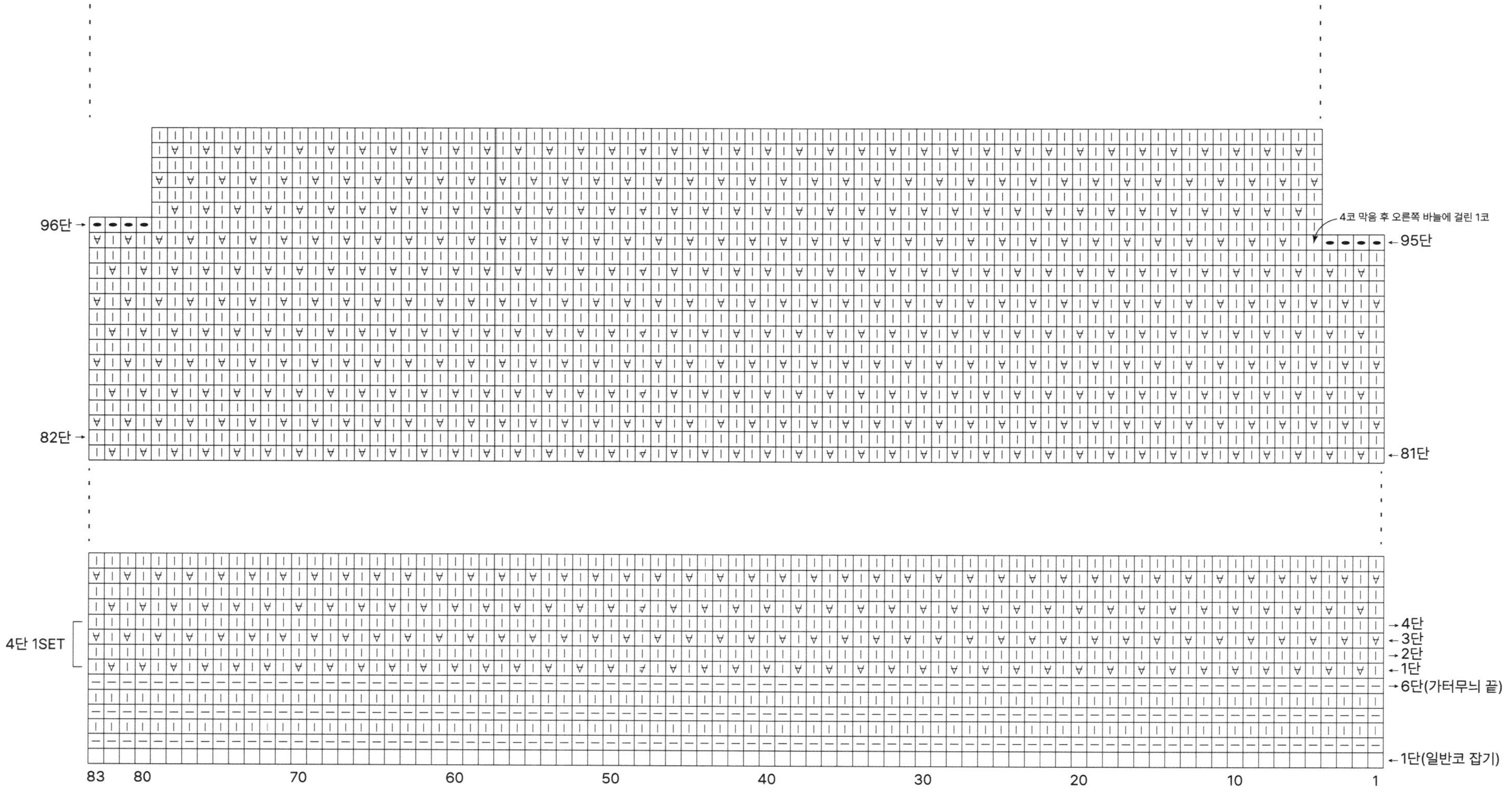
96단
82단
4단 1SET
4코 막음 후 오른쪽 바늘에 걸린 1코
95단
81단
4단
3단
2단
1단
6단(가터무늬 끝)
1단(일반코 잡기)
83
80
70
60
50
40
30
20
10
1

앞판

[앞판 오른쪽 차트], [앞판 왼쪽 차트] 도안을 참고하여 각각 뜹니다. 4단 1SET로 반복되는 걸쳐뜨기무늬를 1단부터 160단까지 떠줍니다.

1. 코 잡기 및 밑단 뜨기

60cm 케이블을 연결한 7mm 바늘로 일반코 37코를 잡아줍니다. 코 잡은 단은 1단으로 약속합니다. 2단부터 6단까지 가터무늬를 떠줍니다.

2. 진동

왼쪽 앞판은 95단(겉면)의 시작 부분에서 왼쪽 진동을 4코 코 막음하고, 오른쪽 앞판은 96단(안면)의 시작 부분에서 오른쪽 진동 4코 코 막음 해줍니다.

3. 오른쪽 어깨 경사 및 네크라인

147단부터 160단까지 어깨 경사 남겨 되돌아뜨기 및 네크라인을 동시에 진행합니다. 160단(마지막 단)까지 뜨고 10cm 정도의 실을 남기고 실을 자른 후 26코를 안전핀에 걸어 둡니다.

4. 왼쪽 어깨 경사 및 네크라인

148단부터 160단까지 어깨 경사 남겨 되돌아뜨기 및 네크라인을 동시에 진행합니다. 160단(마지막 단)까지 뜨고 10cm 정도의 실을 남기고 실을 자른 후 26코를 안전핀에 걸어둡니다.

QR ———————

오른쪽 어깨 경사 및   왼쪽 어깨 경사 및
네크라인   네크라인

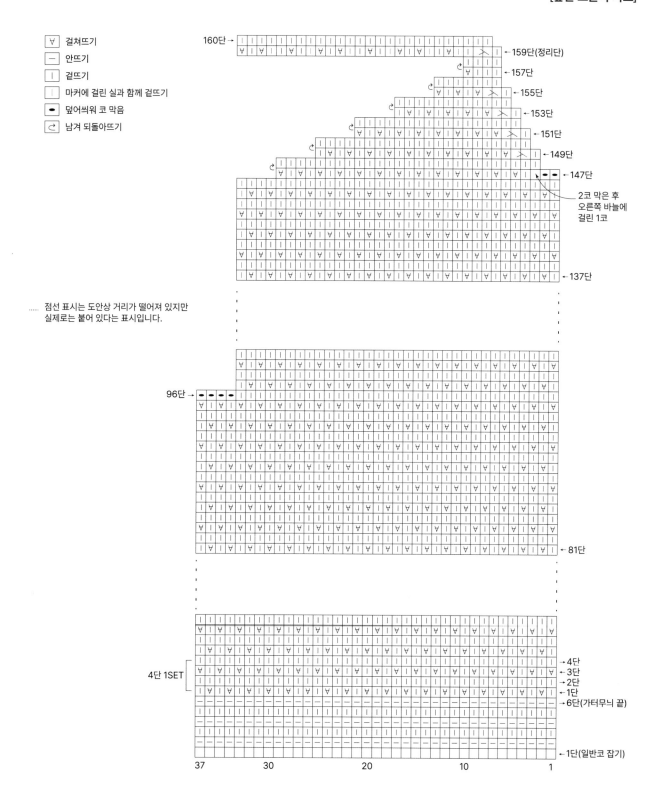

∀	걸쳐뜨기
−	안뜨기
I	겉뜨기
I	마커에 걸린 실과 함께 겉뜨기
●	덮어씌워 코 막음
↻	남겨 되돌아뜨기

160단 →
←159단(정리단)
←157단
←155단
←153단
←151단
←149단
←147단

2코 막은 후
오른쪽 바늘에
걸린 1코

←137단

..... 점선 표시는 도안상 거리가 떨어져 있지만
실제로는 붙어 있다는 표시입니다.

96단 →

←81단

4단 1SET

→4단
→3단
→2단
→1단
→6단(가터무늬 끝)

→1단(일반코 잡기)

37   30   20   10   1

[앞판 왼쪽 차트]

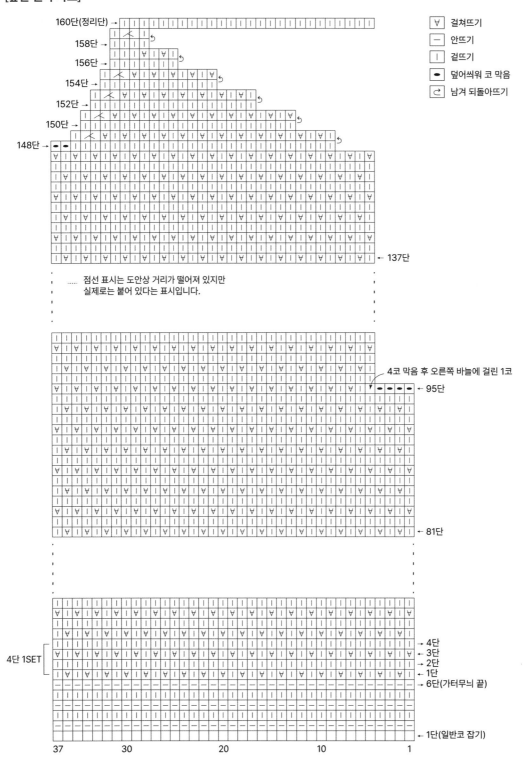

160단(정리단) →
158단 →
156단 →
154단 →
152단 →
150단 →
148단 →

← 137단

∀	걸쳐뜨기
−	안뜨기
Ι	겉뜨기
●	덮어씌워 코 막음
↪	남겨 되돌아뜨기

..... 점선 표시는 도안상 거리가 떨어져 있지만
실제로는 붙어 있다는 표시입니다.

4코 막음 후 오른쪽 바늘에 걸린 1코
← 95단

← 81단

4단 1SET

→ 4단
→ 3단
→ 2단
← 1단
→ 6단(가터무늬 끝)

← 1단(일반코 잡기)

37   30   20   10   1

버튼밴드

1. 코 줍기 및 패턴

단추는 왼쪽 버튼밴드에 달고, 단춧구멍은 오른쪽 버튼밴드에 만들어줍니다. 80cm 케이블을 연결한 7mm 바늘로 앞판 편물의 겉면에서 단에서 코 줍기로 총 102코를 주워줍니다. 2코 줍고 1코 건너뛰기를 반복합니다. 코 주운 단을 1단으로 약속하고 왼쪽 버튼밴드는 12단까지 가터뜨기로 뜬 다음 덮어씌워 코 막음합니다. 오른쪽 버튼밴드는 7단째에서 다음 설명을 참고합니다.

2. 단춧구멍 만들기

오른쪽 버튼밴드에서는 7단에서 바늘 비우기 및 모아뜨기로 [버튼밴드 차트]에 표시된 위치대로 단춧구멍을 5개 만들어줍니다.

어깨 잇기
(3 Needles Bind Off)

뒤판과 앞판의 편물을 겉끼리 마주 보게 둡니다. 뒤판과 앞판 어깨 안전핀에 걸린 코는 모두 7mm 대바늘로 옮기고, 두 바늘을 왼손에 잡은 뒤 또다른 같은 호수의 대바늘을 오른손에 잡습니다.

뒤판 어깨에 남겨둔 여분의 실로 뒤판과 앞판의 코를 한 번에 겉뜨기 해줍니다. 한 번 더 동일하게 겉뜨기를 한 뒤 오른쪽 바늘에 2코가 걸리면 덮어씌워 코 막음합니다. 이를 계속 반복하여 덮어씌워 코 막음합니다.

다른 한 쪽 어깨도 동일한 방법으로 코 막음합니다.

QR ———

어깨 잇기

옆선 잇기

편물의 겉면이 보이도록 옆선끼리 맞대어 두고 돗바늘을 이용해 꿰매어줍니다. 가장자리 안쪽 싱거루프 2코씩 번갈아가며 꿰매어줍니다. 암홀까지 깔끔하게 연결하기 위해 코 막음한 코의 위쪽 V자를 주워 실을 앞뒤로 통과시켜 매듭짓고 실을 숨겨 마무리합니다.

QR ———

옆선 잇기

[버튼밴드 차트]

시작 →

12단

|←　　　　　　102코　　　　　　→|

14코　2코　19코　2코　19코　2코　19코　2코　19코　2코　19코　2코 2코

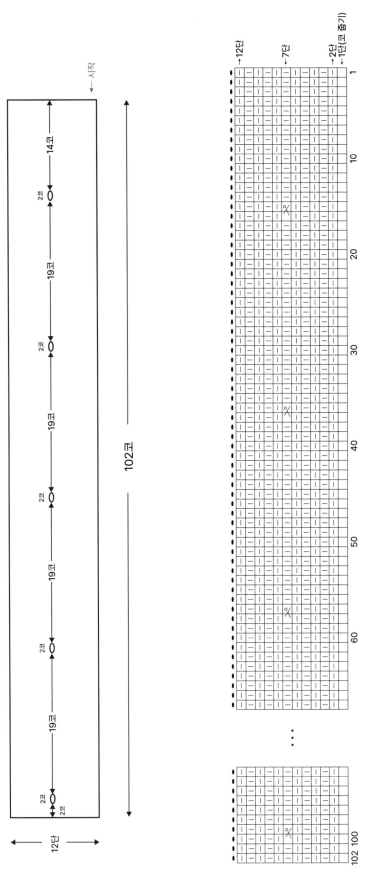

→12단

→7단

→2단
→1단(코 줍기)

바늘비우기 후 모아뜨기(단추구멍 만들기)

✕ 바늘비우기 후 모아뜨기(단추구멍 만들기)

소매

[소매 차트] 도안을 참고하여 4단 1SET로 반복되는 걸쳐뜨기무늬를 1단부터 112단까지 원통으로 떠줍니다.

1. 코 주워 원형뜨기로 소매 뜨기

60cm 케이블을 연결한 7mm 대바늘로 암홀에서 총 72코(앞판 36코, 뒤판 36코)를 주워줍니다. 진동의 덮어씌워 코 막음 한 4코를 모두 줍고, 단에서 코 줍기로 32코를 주워줍니다. 2코 줍고 1코 건너뛰고, 1코 줍고 1코 건너뛰기를 반복합니다.

QR ——

암홀 코 줍기

2. 코 줄임

6단마다 1코 줄임을 11회, 7단마다 1코 줄임을 3회 진행한 다음 25단을 코 줄임 없이 떠줍니다. 한 단에 2코씩 줄여지며 코 줄임이 끝나면 72코에서 44코가 됩니다.

3. 고무단

2코 고무뜨기를 14단 뜬 다음 덮어씌워 코 막음합니다.

칼라

1. 코 줍기

60cm 케이블을 연결한 7mm 바늘로 총 70코(오른쪽 버튼밴드 6코, 앞판 14코, 뒤판 30코, 앞판 14코, 왼쪽 버든밴드 6코)를 주워줍니다.

QR ——

칼라 코 줍기

2. 고무단

[칼라 차트] 도안을 참고하여 코 주운 단을 1단으로 약속하고 2단부터 27단까지 2코 고무뜨기로 뜬 다음 덮어씌워 코 막음합니다. 첫 코는 모두 걸러뜨기로 떠줍니다. 5단부터는 늘림이 있으므로 다음 설명을 참고합니다.

- 코 늘림

5단마다 1코 늘림을 1회, 4단마다 1코 늘림을 5회 진행한 다음 2단을 늘림 없이 떠줍니다. 1단에 2코씩 늘어나며, 코 늘림이 끝나면 70코에서 82코가 됩니다.

[소매 차트]

기호	뜻
—	겉뜨기
ǀ	안뜨기
A	걸쳐뜨기
⟋	ssk
⟍	k2tog

14단 1단(2코 고무뜨기 시작) 112단 100단 90단 87단 80단 73단 66단

1 10 20 30 40 44

점선 표시는 도안상 거리가 멀어져 있지만
실제로는 붙어 있다는 표시입니다.

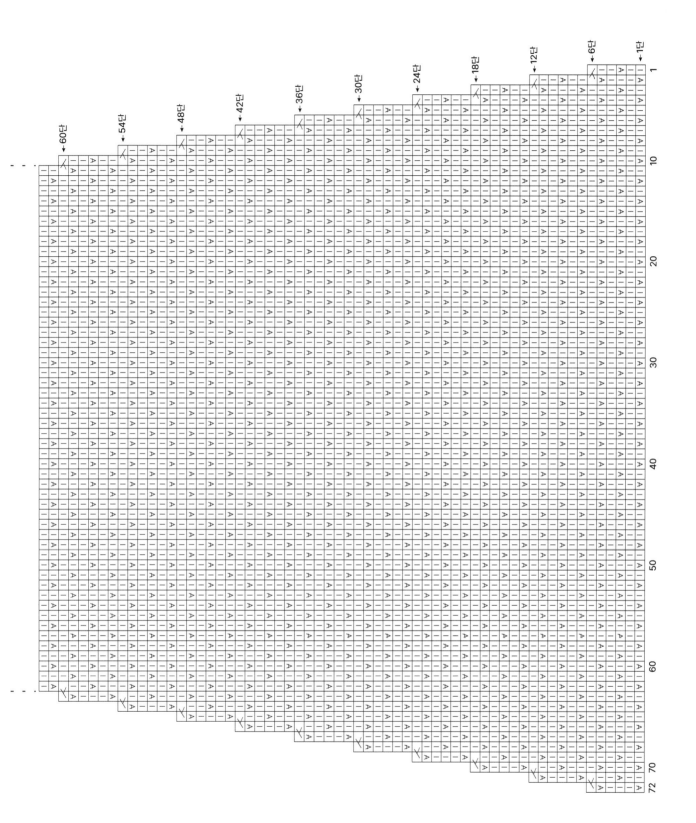

[컬러 차트]

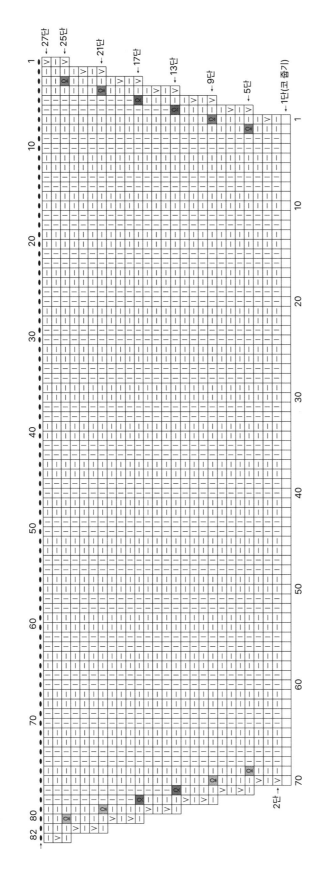

2단평
4-1-5
5-1-1

돌려서 코 막음
걸러뜨기
m1l
m1r
m1lp
m1rp

루틴 양말

룹
LOOOP

'스스로를 살피기 위해 행하는 일상적인 행동도 결국 돌봄이 아닐까?'라는 생각을
발전시켜 작은 체크 패턴이 편물에 반복되어 나타나는 양말을 디자인하였습니다.
작은 요소가 모여 큰 형태를 이루고 그것이 전체를 구성하는 것은 나를 돌보면서 행하는
일련의 루틴들이 스스로를 형성한다는 점을 표현합니다. 일상에서 경쾌한 포인트로 착용할 수 있도록
다양한 배색을 제시하고 발목 길이를 취향에 따라 자유롭게 조절하여 작업할 수 있도록 하였습니다.

READY

- **사이즈** S-220~235 (M-235~250) L-250~265
- **발 둘레** 18cm
- **발 길이** 23cm
- **발목 길이** 20.5cm

  *위 실측은 S 사이즈 샘플을 기준으로 측정된 길이입니다.

- **게이지** 17코 18단(3mm 대바늘, 5×5cm 가로 배색무늬)
- **실** 슬로우스텝 바탕실 1볼, 배색실 1 1볼, 배색실 2 1볼

  *샘플에 사용된 색상(바탕실/배색실 1/배색실 2)

  - 배색 A(125 검정/131 다크그린/132 진가지)
  - 배색 B(118 브라운와인/102 베이지/112 다크핑크)
  - 배색 C(122 진곤색/120 블루/108 카키)

- **바늘** 2.5mm 줄바늘(길이 80cm), 3mm 줄바늘(길이 23cm 숏팁)
- **그외** 마커 1개, 돗바늘, 가위
- **진행 유의 사항**

  1. 발가락부터 떠서 발목으로 올라가는 토업 방식으로 작업하며, 발가락부터 원통 뜨기를 진행하다가 고무단을 코 막음하여 완성합니다.

  2. 발가락과 발목 고무단은 80cm 줄바늘을 사용해 전체 코를 절반으로 나누어 매직루프로 원통 뜨기, 뒤꿈치는 80cm 줄바늘을 사용해 평면 뜨기로 작업합니다. 배색 패턴은 23cm 숏팁을 사용해 원통 뜨기로 작업합니다.

코 잡기&발가락

1. 2.5mm 바늘과 바탕실로 터키식 코 잡기를 하여 첫 번째, 두 번째 바늘에 12 (12) 14코, 총 24 (24) 28코를 잡아줍니다.

QR ——

터키식 코 잡기

2. 늘림단을 2 (3) 4단 뜹니다. 바늘에 16 (18) 22코, 총 32 (36) 44코가 됩니다.

*늘림단

- 첫 번째 바늘: kfb, 왼쪽 바늘에 2코 남을 때까지 겉, kfb, 겉1
- 두 번째 바늘: kfb, 왼쪽 바늘에 2코 남을 때까지 겉, kfb, 겉1

3. 겉뜨기 1단, 늘림단 1단을 7 (8) 8번 반복해서 뜹니다. 바늘에 30 (34) 38코, 총 60 (68) 76코가 됩니다.

4. 겉뜨기 2단, 늘림단 1단, 겉뜨기 2 (0) 1단을 떠서 발가락을 완성합니다. 바늘에 32 (36) 40코, 총 64 (72) 80코가 됩니다.

발바닥&발등

3mm 바늘로 진행합니다.

첫 번째 바늘 첫 코 아래 마커를 끼워 단의 시작 부분을 표시하고 [가로 배색무늬 차트]를 참고하여 4코 4단으로 이루어진 패턴을 뜹니다. 이때 차트 중앙에 검정 원이 있는 컬러 실이 아래쪽에 걸쳐지도록 합니다.

(2단과 4단 작업을 마친 후에는 컬러가 바뀌는 두 실을 사진처럼 꼬아 정리합니다.)

위 작업을 발가락부터 발바닥&발등 편물의 길이가 5.5 (6) 6.5cm가 될 때까지 반복하고, 발바닥&발등 편물의 단수가 2의 배수가 되도록 차트의 2단 또는 4단에서 작업을 마칩니다.

QR ——

가로 배색무늬 뜨기

[가로 배색무늬 차트]

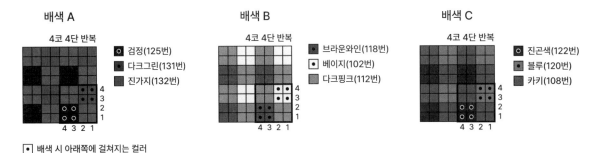

배색 A

4코 4단 반복

○ 검정(125번)
■ 다크그린(131번)
■ 진가지(132번)

배색 B

4코 4단 반복

■ 브라운와인(118번)
□ 베이지(102번)
■ 다크핑크(112번)

배색 C

4코 4단 반복

○ 진곤색(122번)
■ 블루(120번)
■ 카키(108번)

● 배색 시 아래쪽에 걸쳐지는 컬러

뒤꿈치

2.5mm 바늘로 첫 번째 바늘의 32 (36) 40코에 바탕실로 경사뜨기를 진행합니다.

이때 뒤꿈치를 [가로 배색무늬 차트]의 4단을 마친 다음 뜨는 경우 컬러가 바뀌는 두 실을 꼬아 정리한 후 다음 작업을 진행합니다.

1단(겉면) 모든 코 겉, 편물 뒤집기

2단(안면) sl1p, 실타래와 연결된 실을 당겨 걸러뜨기 했던 코를 더블 스티치(이하 DS)로 만들고 왼쪽 바늘의 모든 코 안, 편물 뒤집기

3단(겉면) sl1p, 실타래와 연결된 실을 당겨 걸러뜨기 했던 코를 DS로 만들고 왼쪽 바늘의 DS를 만나기 전까지 겉, 편물 뒤집기

4단(안면) sl1p, 걸러뜨기 했던 코를 DS로 만들고 왼쪽 바늘의 DS를 만나기 전까지 안, 편물 뒤집기

여기까지 떴다면 3~4단을 8 (9) 10번 더 반복한 후 다음 단(겉면)을 진행합니다.

다음 단(겉면) sl1p, 걸러뜨기 했던 코를 DS로 만들기

위 작업을 마치면 첫 번째 바늘 중간의 12 (14) 16코 좌우에 DS가 각 10 (11) 12코씩 만들어지며, 이는 뒤꿈치 절반에 해당합니다. (DS 10 (11) 12코-12 (14) 16코-DS 10 (11) 12코)

뒤꿈치 작업 절반을 마친 후에는 다음 설명에 따라 DS를 정리하며 뒤꿈치를 완성합니다. 여기서부터는 뒤꿈치 작업의 나머지 절반 부분이므로 뜨는 단을 새로운 1단으로 약속하고 설명하며, 작업을 진행하던 단(겉면)에서 이어서 진행합니다.

1단(겉면) 왼쪽 바늘의 DS를 만나기 전까지 겉, DS 1코 겉(두 가닥의 실에 바늘을 동시에 찔러 겉뜨기), 편물 뒤집기

2단(안면) sl1p, 왼쪽 바늘의 DS를 만나기 전까지 안, DS 1코 안(두 가닥의 실에 바늘을 동시에 찔러 안뜨기), 편물 뒤집기

3단(겉면) sl1p, 왼쪽 바늘의 DS를 만나기 전까지 겉, DS 1코 겉, 편물 뒤집기

4단(안면) sl1p, 왼쪽 바늘의 DS를 만나기 전까지 안, DS 1코 안, 편물 뒤집기

여기까지 떴다면 3~4단을 7 (8) 9 번 더 반복한 후 다음 단을 뜹니다. 이때 첫 번째 바늘 좌우에는 DS가 각 1코씩 남은 상태입니다.

다음 단(겉면) sl1p, 왼쪽 바늘의 DS를 만나기 전까지 겉, DS 1코 겉, 다음 코 wrap&turn
다음 단(안면) sl1p, 왼쪽 바늘의 DS를 만나기 전까지 안, DS 1코 안, 다음 코 wrap&turn

뒤꿈치 경사뜨기

발목

첫 번째 바늘 겉면으로 돌아와 3mm 바늘로 발목 작업을 발바닥&발등 작업과 동일하게 진행합니다.
발목 첫 단을 뜰 때는 작업 중간에 wrap코를 만나면 코 아래쪽을 감싸고 있는 실을 겉면에서 주워 wrap코와 함께 겉뜨기하여 정리합니다.
발목 편물이 원하는 길이가 될 때까지 패턴을 반복해서 뜨다가 작업을 [가로 배색무늬 차트]의 4단에서 마칩니다.

발목 고무단

발목 고무단을 뜰 배색실 1을 제외한 나머지 실을 10cm 정도 남긴 후 자르고, 남은 실로 겉뜨기를 1단 뜬 디음 2.5mm 비늘로 [안2, 겉2]를 반복히며 2코 고무뜨기를 진행합니디. 고무단은 약 3.5cm(16단) 길이만큼 떠줍니다.

코 막음

신축성 좋은 코 막음(elastic bind off)으로 남은 코를 코 막음해줍니다.
1. 첫 번째, 두 번째 코를 보이는 모양대로(겉뜨기는 겉, 안뜨기는 안) 뜬 다음 오른 바늘의 2코 앞 부분에 왼쪽 바늘을 동시에 찔러 모아뜨기 합니다.
2. 다음 코를 보이는 모양대로 뜬 다음 오른 바늘의 2코에 왼쪽 바늘을 동시에 찔러 모아뜨기 합니다.
1번 진행 후 2번을 반복하여 바늘의 모든 코를 코 막음하고 편물 안쪽에 남은 실을 돗바늘로 숨겨 정리합니다.

신축성 좋은 코 막음

케어 양말

지친 자신을 돌아보거나 외부로 인한 한시적 손상을 회복하는 시간에
착용할 수 있는 수면 양말을 디자인하였습니다. 빈티지한 편물, 루즈한 사이즈를
강조할 수 있도록 일반 니트 양말 작업에 사용하는 실보다 굵은 실을 사용하였고,
볼드한 패턴이 저마다 다른 형태와 컬러로 반복되는 디자인은 단조로운 일상에
리듬감과 활기를 불어넣습니다. 돌봄이 주는 따스한 느낌, 감싸는 이미지를 극대화하기 위해
양말의 발목 길이도 충분히 여유 있게 작업하였습니다.

READY

- **사이즈** S-225~235 (M-235~245) L-245~255
- **발 둘레** 23cm
- **발 길이** 24cm
- **발목 길이** 28cm
  *위 실측은 M 사이즈 샘플을 기준으로 측정된 길이입니다.
- **게이지** 11코 12.5단(5mm 대바늘, 5×5cm 가로 배색무늬 *아임울4 기준)
  *아임울2 2합은 아임울4 1합과 게이지가 동일합니다.
- **실** 아임울4 178 진밤, 104 베이지, 146 다크그린 각 1볼,
  아임울2 138 올리브, 175 레드브라운, 179 카카오, 169 메리골드 각 1볼
  *아임울4로 뜰 때는 1합, 아임울 2로 뜰 때는 2합을 잡고 뜹니다.
- **바늘** 4.5mm 줄바늘(길이 80cm), 5mm 줄바늘(길이 80cm)
- **그외** 마커 1개, 돗바늘, 가위
- **진행 유의 사항**
  1. 발목부터 떠서 발가락으로 내려가는 커프 다운 방식으로 작업하며, 고무단부터 원통 뜨기를 진행하다가 발가락은 키치너 스티치로 마무리하여 작품을 완성합니다.
  2. 뒤꿈치를 제외한 나머지 부분은 80cm 줄바늘을 사용해 전체 코를 절반으로 나누어 매직루프로 원통 뜨기, 뒤꿈치는 80cm 줄바늘을 사용해 평면 뜨기로 작업합니다.

코 잡기&고무단

1. 4.5mm 바늘과 아임울4 178번 실로 옛 노르웨이식 코 잡기를 하여 44 (48) 52코를 잡아줍니다.

QR ———

옛 노르웨이식 코 잡기

2. 첫 코와 마지막 코 사이가 벌어지지 않게 주의하며 연결한 후 [겉1, 안2, 겉1]을 반복하며 2코 고무뜨기를 약 4.5cm(12단) 길이만큼 떠줍니다.

발목

5mm 바늘로 겉뜨기를 1단 뜹니다.

첫 번째 바늘 첫 코 아래 마커를 끼워 단의 시작 부분을 표시하고 [가로 배색무늬 차트] 1단부터 66 (60) 54단까지 뜹니다. 이때 차트 중앙에 검정 원이 있는 컬러 실이 아래쪽에 걸쳐지도록 합니다.

QR ———

가로 배색무늬 뜨기

[가로 배색무늬 차트]

4코 95단 반복

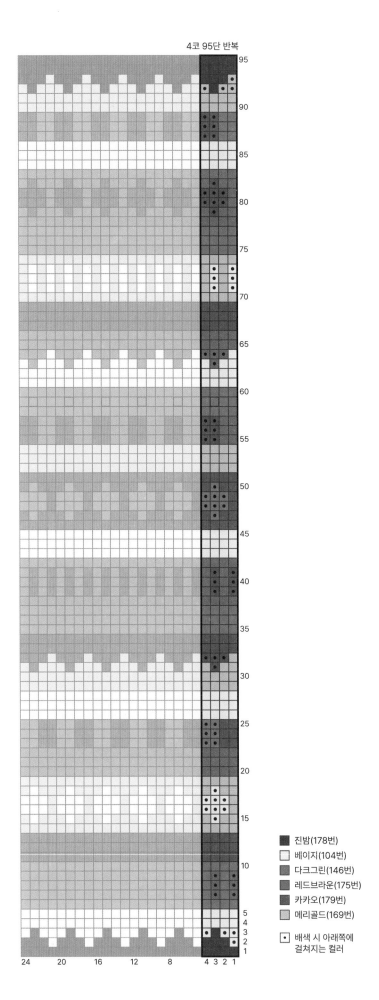

■ 진밤(178번)
□ 베이지(104번)
▨ 다크그린(146번)
▨ 레드브라운(175번)
■ 카카오(179번)
▨ 메리골드(169번)

• 배색 시 아래쪽에
   걸쳐지는 컬러

뒤꿈치

첫 번째 바늘의 3번째 코부터 20 (22) 24번째 코(총 18 (20) 22코)까지 아임울2 138번 실로 경사뜨기를 진행합니다. 이때 첫 번째 바늘의 1~2번째 코, 21~22 (23~24) 25~26번째 코는 두 번째 바늘로 잠시 옮겨도 되고 첫 번째 바늘에 그대로 두어도 됩니다.

1단(겉면) 첫 번째 바늘의 3번째 코부터 20 (22) 24번째 코까지 겉, 편물 뒤집기

2단(안면) sl1p, 실타래와 연결된 실을 당겨 걸러뜨기 했던 코를 더블 스티치(이하 DS)로 만들고 17 (19) 21코 안, 편물 뒤집기

3단(겉면) sl1p, 실타래와 연결된 실을 당겨 걸러뜨기 했던 코를 DS로 만들고 왼쪽 바늘의 DS를 만나기 전까지 겉, 편물 뒤집기

4단(안면) sl1p, 걸러뜨기 했던 코를 DS로 만들고 왼쪽 바늘의 DS를 만나기 전까지 안, 편물 뒤집기

여기까지 떴다면 3~4단을 3 (4) 4번 더 반복한 후 다음 단(겉면)을 진행합니다.

다음 단(겉면) sl1p, 걸러뜨기 했던 코를 DS로 만들기

위 작업을 마치면 첫 번째 바늘 중간의 8 (8) 10코 좌우에 DS가 각 5 (6) 6코 만들어지며, 이는 뒤꿈치 절반에 해당합니다. (DS 5 (6) 6코-8 (8) 10코-DS 5 (6) 6코)

뒤꿈치 작업 절반을 마친 후에는 다음 설명에 따라 DS를 정리하며 뒤꿈치를 완성합니다. 여기 부터는 뒤꿈치 작업의 나머지 절반 부분이므로 뜨는 단을 새로운 1단으로 약속하고 설명하며, 작업을 진행하던 단(겉면)에서 이어서 진행합니다.

1단(겉면) 왼쪽 바늘의 DS를 만나기 전까지 겉, DS 1코 겉(두 가닥의 실에 바늘을 동시에 찔러 겉뜨기), 편물 뒤집기

2단(안면) sl1p, 인쪽 바늘의 DS를 만나기 전까지 안, DS 1코 안(두 가닥의 실에 바늘을 동시에 찔러 안뜨기), 편물 뒤집기

3단(겉면) sl1p, 왼쪽 바늘의 DS를 만나기 전까지 겉, DS 1코 겉, 편물 뒤집기

4단(안면) sl1p, 왼쪽 바늘의 DS를 만나기 전까지 안, DS 1코 안, 편물 뒤집기

여기까지 떴다면 3~4단을 2 (3) 3번 더 반복한 후 다음 단을 뜹니다. 이때 첫 번째 바늘 좌우에 는 DS가 각 1코씩 남은 상태입니다.

다음 단(겉면) sl1p, 왼쪽 바늘의 DS를 만나기 전까지 겉, DS 1코 겉, 다음 코 wrap&turn

다음 단(안면) sl1p, 왼쪽 바늘의 DS를 만나기 전까지 안, DS 1코 안, 다음 코 wrap&turn

QR ──

뒤꿈치 경사뜨기

발바닥&발등 ◆ 첫 번째 바늘의 겉면으로 돌아와 발바닥&발등 작업을 [가로 배색무늬 차트]의 67 (61) 55단부터 95단까지 진행합니다. 이때 발목 뒤꿈치 작업 전에 일부 코를 두 번째 바늘로 잠시 옮겼을 경우 옮겼던 코를 첫 번째 바늘로 다시 가져온 후 작업을 진행하며, 첫 단 작업은 첫 번째 바늘의 첫 코부터 시작합니다. 작업 중간에 wrap코를 만나면 코 아래쪽을 감싸고 있는 실을 겉면에서 주워 wrap코와 함께 겉뜨기하여 정리합니다.

발가락 ◆ 5mm 바늘과 아임울4 178번 실로 진행합니다.

1. 겉뜨기를 1단 뜹니다.

2. 줄임단 1단, 겉뜨기 1단을 2번 반복합니다. 바늘에 18 (20) 22코, 총 36 (40) 44코가 됩니다.

*줄임단

– 첫 번째 바늘: 겉1, skpo, 왼쪽 바늘에 3코 남을 때까지 겉, k2tog, 겉1

– 두 번째 바늘: 겉1, skpo, 왼쪽 바늘에 3코 남을 때까지 겉, k2tog, 겉1

3. 줄임단을 6 (6) 7단 뜹니다. 바늘에 6 (8) 8코, 총 12 (16) 16코가 됩니다.

코 막음 ◆ 실을 넉넉하게 남기고 자른 후 실 꼬리를 돗바늘에 끼워 키치너 스티치로 마무리합니다.

1. 첫 번째 바늘의 첫 코에 돗바늘을 겉뜨기 방향으로 통과시킨 다음 첫 코를 뺍니다. 첫 번째 바늘의 두 번째 코에 돗바늘을 안뜨기 방향으로 통과시킵니다.

2. 편물 방향을 그대로 둔 채 두 번째 바늘의 첫 코에 돗바늘을 안뜨기 방향으로 통과시킨 다음 첫 코를 뺍니다. 두 번째 바늘의 두 번째 코에 돗바늘을 겉뜨기 방향으로 통과시킵니다.

1, 2번을 5 (7) 7번 반복합니다. 한 바늘에 1코씩, 총 2코가 남은 상태가 되면 2코 사이의 구멍으로 돗바늘을 넣어 실 꼬리를 숨기고 편물 안쪽에 남은 실 꼬리를 돗바늘로 숨겨 정리합니다.

QR ──

키치너 스티치

여름날 베스트

돌봄에는 반드시 대상이 있고 그 대상에 대해 잘 알아야 적절한 돌봄이 이루어집니다.

대상에 대해 잘 알려면 관심을 가지고 지속적으로 살펴야 하고요. 자신도 마찬가지입니다.

그날의 나에게 '오늘 하루 어땠니?' 하고 물어보는 것도 나를 돌보는 일이 될 수 있다고 생각해요.

일기를 쓸 때 오늘 하루를 돌아보며 자연스럽게 스스로를 들여다보게 되는 것처럼 뜨개로 일기를 써보면

어떨지 생각했습니다. 하루 한 장씩 모티브를 뜨며 꽃잎의 개수를 달리한 디자인으로

그날그날 자신을 반영해 보세요. 마치 어제 일기의 다음 장에 오늘 일기를 쓰듯이요.

저에게 나를 돌보는 것은 세상을 잘 살아가기 위한 힘을 기르는 것입니다.

매일의 나를 뜨개로 기록하고 그것을 모아 하나의 편물에 담아

나만의 작품으로 완성하는 경험은 나를 조금 더 단단하게 만들어주지 않을까요?

READY

- **사이즈** M (L)
- **총 기장** 56 (67)cm
- **가슴 단면** 51 (59)cm
- **모티브 갯수** 50 (72)장
- **모티브 사이즈** 약 9×9cm *촘촘한 땀으로 떴습니다.
- **실** 바당 바탕실 4 (5)볼, 배색실 1 (2)볼

  *2합을 잡고 뜨며, 실 소요량은 모티브 구성에 따라 달라질 수 있습니다.

  *샘플에 사용된 색상

  − M(바탕실 905 베이비블루, 배색실 921 진초록)

  − L(바탕실 919 올리브, 배색실 915 오렌지)

- **바늘** 4호 코바늘(2.5mm)
- **그외** 마커, 돗바늘, 가위
- **진행 유의 사항**

  1. 모티브 도안(a, b, c, d)을 자유롭게 선택하여 뜹니다.

  2. 제시된 순서에 따라 1번부터 마지막 모티브까지 연결하면서 뜹니다.

  3. 모티브를 모두 연결하여 옷의 형태를 완성한 뒤 암홀, 목둘레, 밑단의 테두리를 뜹니다.

  4. 기본 기법과 무늬 기법, 모티브 연결 방법은 영상을 참고합니다.

전체 참고 영상

[사이즈]

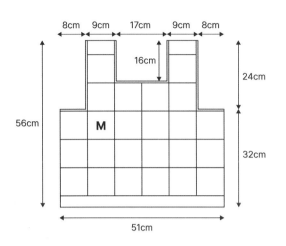

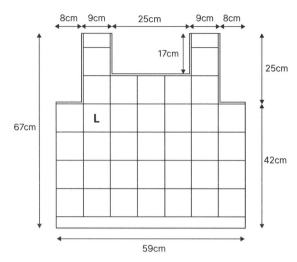

[모티브 디자인]

a.

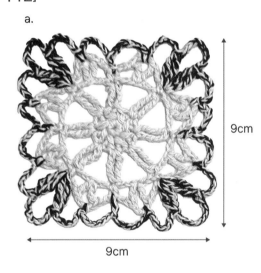

b.

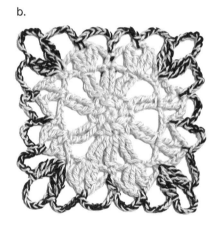

c.

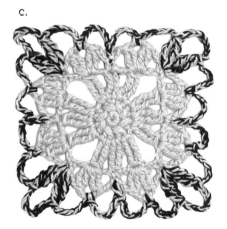

d.

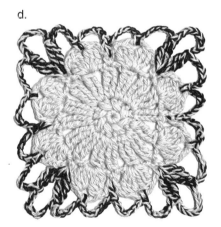

모티브 뜨기   ◆   4호 코바늘을 이용해 1~4단(꽃)은 905 베이비블루 2합, 5단(테두리)은 905 베이비블루, 921 진초록 2합으로 모티브를 떠줍니다. [모티브 차트] 도안을 참고하며, 사슬뜨기로 원형코를 만들어 시작합니다.

모티브 연결   ◆   첫 번째 모티브를 뜬 후 두 번째 모티브 마지막 테두리 단의 사슬을 뜨면서 첫 번째 모티브에 빼뜨기로 연결합니다. 세 번째, 네 번째 모티브의 모서리가 만나도록 연결하는 경우 첫 번째 모티브가 아닌 두 번째 모티브에 연결합니다. 첫 번째 모티브에 연결한 두 번째 모티브 빼뜨기 코의 다리(실 2가닥)에 나머지 모티브를 빼뜨기로 연결하는 것이 포인트입니다. [모티브 잇는 순서]를 참고하여 모두 연결합니다.

모티브 실 마무리   ◆   모티브 뜨기 끝의 돗바늘 실 마무리는 사슬 6코를 뜬 후 실을 10cm 정도 남기고 자른 뒤 머리 고리를 늘려 빼냅니다. 실을 돗바늘에 꿰어 기둥코 3번째 사슬코의 머리 실 2가닥(V자 모양) 뒤쪽에서 바늘을 넣어 빼고 사슬 1코만큼의 간격을 남기고 마지막 사슬 코의 머리 사이로 바늘을 보내 편물 안쪽에 숨겨 정리합니다.

a.

b.

c.

d.

⬭ 사슬뜨기	
+ 짧은뜨기	
⬬ 빼뜨기	
⋈ 긴 1코 교차뜨기	
두길 긴 2코 늘려뜨기 (1코에서, 사이에 사슬 3코)	

한길 긴뜨기

두길 긴 2코 구슬뜨기 (1코에서)

두길 긴 3코 구슬뜨기 (1코에서)

세길 긴 2코 구슬뜨기 (1코에서)

[모티브 잇는 순서]

M

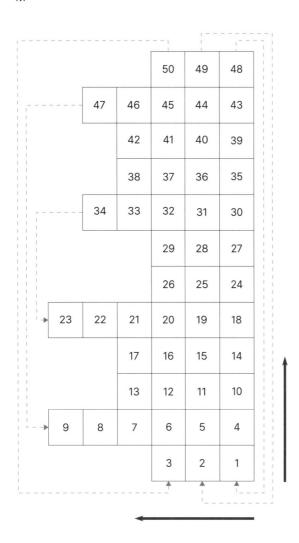

L

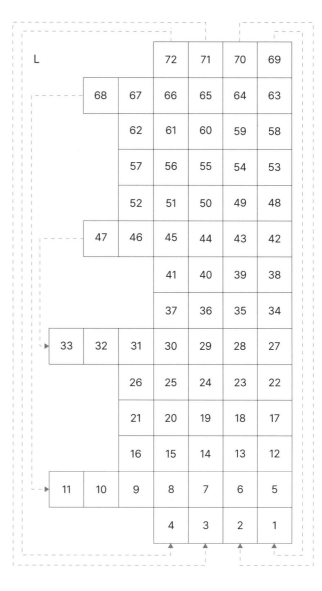

M 사이즈 기준

- 모티브의 방향에 유의하며 1번부터 50번까지 모티브를 뜨면서 연결합니다.
- 34번 모티브를 뜨면서 23번 모티브에 연결합니다.
- 47번 모티브를 뜨면서 9번 모티브에 연결합니다.
- 48, 49, 50번 모티브를 뜨면서 1, 2, 3번 모티브에 연결합니다.

[모티브 연결 예시]

1 ——————→
2 ——————→
3 ——————→

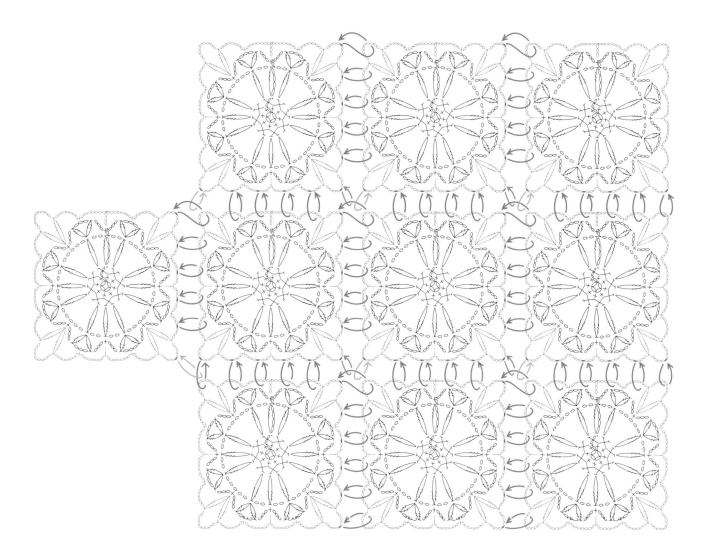

테두리

모티브의 테두리 단과 동일한 조합의 2합으로 뜹니다. 겉면을 본 상태로 실을 새로 이어 진행합니다. 테두리 1단의 총 콧수는 짝수여야 합니다.

1. 암홀

암홀은 7 (7) 장의 모티브가 이어져 있습니다.

1단 사슬 2, 한길 긴뜨기 1, 사슬 4, [짧은뜨기 1, 사슬 4] 4번 반복, {한길 긴 2코 모아뜨기 1, 사슬 4, [짧은뜨기 1, 사슬 4] 4번 반복} 5번 반복, 한길 긴 2코 모아뜨기 1, 사슬 4, [짧은뜨기 1, 사슬 4] 3번 반복, 짧은뜨기 1, 사슬 3, 빼뜨기[총 174코]

- 1단의 짧은뜨기와 한길 긴 2코 모아뜨기는 모티브의 테두리 단의 사슬 아래 공간에 바늘을 찔러 넣어 뜹니다.

2단 사슬 2(기둥코), 긴뜨기 1(교차), 긴 1코 교차뜨기 86, 빼뜨기(돗바늘 마무리)

- 사슬에서 코를 주워 긴 1코 교차뜨기를 할 경우 뒤 반 코와 콧등을 주워서 합니다.

마지막 코를 뜬 후 실을 10cm 정도 남기고 자른 뒤 첫 긴뜨기 코의 머리에 돗바늘로 마무리합니다.

반대쪽 암홀 테두리도 동일하게 뜹니다.

2. 목둘레

목둘레는 10 (12) 장의 모티브가 이어져 있습니다.

1단 사슬 2, 한길 긴뜨기 1, 사슬 4, [짧은뜨기 1, 사슬 4] 4번 반복, {한길 긴 2코 모아뜨기 1, 사슬 4, [짧은뜨기 1, 사슬 4] 4번 반복} 9 (11)번 반복, 빼뜨기[총 250 (300)코]

- 1단의 짧은뜨기와 한길 긴 2코 모아뜨기는 모티브의 테두리 단의 사슬 아래 공간에 바늘을 찔러 넣어 뜹니다.

2단 사슬 2(기둥코), 긴뜨기 1(교차), 긴 1코 교차뜨기 124 (149), 빼뜨기(돗바늘 마무리)

- 사슬에서 코를 주워 긴 1코 교차뜨기를 할 경우 뒤 반 코와 콧등을 주워서 합니다.

마지막 코를 뜬 후 실을 10cm 정도 남기고 자른 뒤 첫 긴뜨기 코의 머리에 돗바늘로 마무리합니다.

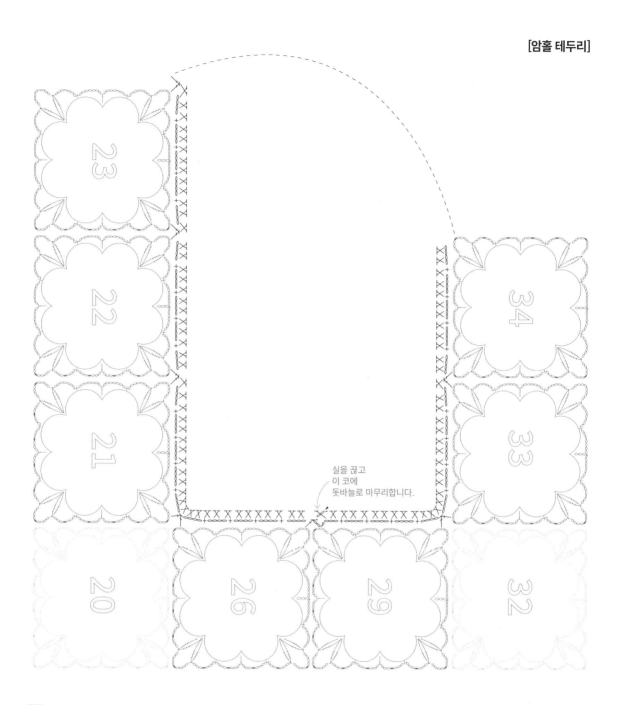

실을 끊고
이 코에
돗바늘로 마무리합니다.

⬭	사슬뜨기
+	짧은뜨기
⚊	빼뜨기
✕	긴 1코 교차뜨기
⋏	한길 긴 2코 모아뜨기
▷	실 잇기
▶	실 끊기

실을 끊고
이 코에
돗바늘로 마무리합니다.

◯	사슬뜨기		한길 긴 2코 모아뜨기
+	짧은뜨기		
●	빼뜨기	▷	실 잇기
X	긴 1코 교차뜨기	▶	실 끊기

3. 밑단 둘레

밑단 둘레는 12 (14)장의 모티브가 이어져 있습니다.

1단 사슬 3, 두길 긴뜨기 1, 사슬 7, [짧은뜨기 1, 사슬 기 4번 반복, {두길 긴 2코 모아뜨기 1, 사슬 7, [짧은뜨기 1, 사슬 기 4번 반복} 11 (13)번 반복, 빼뜨기[총 480 (560) 코]

- 1단의 짧은뜨기와 두길 긴 2코 모아뜨기는 모티브의 테두리 단의 사슬 아래 공간에 바늘을 찔러 넣어 뜹니다.

2단 (사슬없이), 빼뜨기 4, 사슬 3, 두길 긴 2코 구슬뜨기 1, 사슬 5, 두길 긴 3코 구슬뜨기 1, 사슬 5, [빼뜨기 7, 사슬 3, 두길 긴 2코 구슬뜨기 1, 사슬 5, 두길 긴 3코 구슬뜨기 1, 사슬 5] 29 (34)번 반복, 빼뜨기 2, 돗바늘 마무리

- 사슬에서의 빼뜨기는 뒤 반 코와 콧등을 주워서 합니다.

마지막 코를 뜬 후 실을 10cm 정도 남기고 자른 뒤 첫 빼뜨기 코의 머리에 돗바늘로 마무리합니다.

[밑단 둘레 테두리]

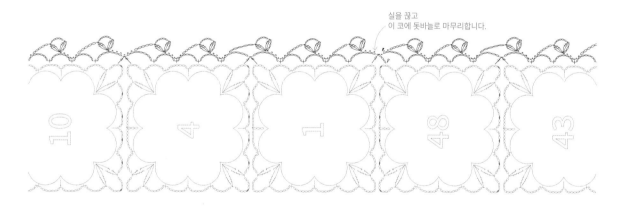

실을 끊고
이 코에 돗바늘로 마무리합니다.

⬭	사슬뜨기
+	짧은뜨기
⬤	빼뜨기
▷	실 잇기
▶	실 끊기
⋀	두길 긴 2코 모아뜨기
⬍	두길 긴 3코 구슬뜨기 (1코에서)

크로셰 패치워크 스타일 카디건

Crochet Patchwork Style Cardigan

마이 리틀 피스
my little peace

뜨개는 나의 마음을 돌보기에 아주 좋은 작업이라고 생각합니다. 나의 마음을 돌보는 방법 중

가장 많이 등장하는 명상과 몸 움직이기 이 두 가지를 동시에 할 수 있죠.

오롯이 나를 위한, 나를 포근하게 감싸주는 카디건을 만들어 보았습니다.

마치 패치워크로 조각조각 이은 듯한 무늬 기법을 사용하며, 동일한 기법의 반복으로

끊임없이 손을 움직여야 하지만 그 자체에 집중함으로서 잡생각으로부터

벗어날 수 있게 돕습니다. 크로셰 패치워크 스타일 카디건으로 같이 나의 마음을 돌보실래요?

READY

- **사이즈** one size
- **가슴 단면** 56cm
- **총 기장** 47cm
- **소매 기장** 39cm
- **소매 단면** 20.5cm
- **칼라 폭** 8cm
- **게이지** 가로 12.5×세로 11cm(6호 코바늘, C2C 무늬 가로 9×세로 8무늬*작은 네모 하나를 한 무늬로 상정)
  *편물이 대각선으로 진행되어 콧수와 단수로 내는 게이지가 정확하지 않아 무늬 수와 그에 따른 길이 표기
- **실** 럭스 5ply 바탕실 883 올리브 16볼, 배색실 886 그린 2볼, 873 연갈색 1볼, 875 진갈색 1볼
- **바늘** 6호 코바늘(3.5mm), 5호 코바늘(3.0mm)
- **그외** 시침핀, 마커 1~3개, 돗바늘, 가위, 단추(지름 18mm) 5개
- **진행 유의 사항**

  1. 앞판 오른쪽 차트 도안을 제외한 모든 차트 도안은 1단의 앞면이 겉면입니다. 앞판 오른쪽은 1단의 뒷면이 겉면입니다. 각 편물의 겉면에 마커를 표시하며 진행합니다.

  2. 도안의 편물 진행 방향에 유의하며 뜹니다.

[C2C 무늬]

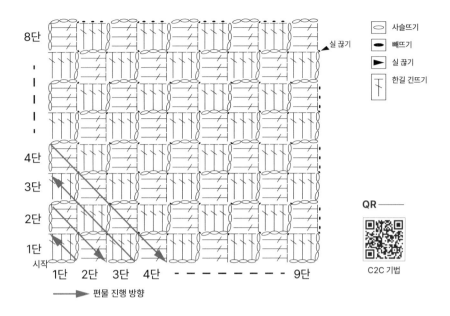

8단

4단

3단

2단

1단
시작

1단 2단 3단 4단 - - - - - - - - 9단

→ 편물 진행 방향

사슬뜨기

빼뜨기

실 끊기

한길 긴뜨기

실 끊기

QR

C2C 기법

How to make

뒤판

[뒤판 차트]를 참고하여 6호 코바늘로 가로 43무늬, 세로 36무늬를 배색을 해가며 떠줍니다.

배색에 사용되는 883 올리브, 886 그린, 875 진갈색, 873 연갈색을 각 1볼씩 사용합니다.

883(이후 '바탕실'로 표기)을 제외한 나머지 색상은 1볼을 와인더로 나눠 감아 절반씩 두 뭉치로 나눕니다.

도안의 번호는 각 색상 두 뭉치를 구분한 것이며, 화살표 표시 방향으로 실을 끊지 않고 끌어올려 배색을 해줍니다. 편물 진행 방향에 따라 배색 실을 거는 위치가 달라집니다(뒤판의 총 3개 무늬 중 2번째 무늬는 노란색 번호 표시의 위치가 1, 3번째 무늬와 다릅니다). 이 점을 유의하여 진행합니다.

배색 시 생기는 꼬리실은 안면 쪽으로 가도록 하며, 마커가 걸려 있는 겉면 쪽에서 볼 때 깔끔한 배색 편물만 보이도록 유의하며 작업합니다.

배색의 한 무늬가 끝날 때까지 실뭉치를 달고 진행하며, 한 무늬가 끝나면 실을 잘라 돗바늘로 정리합니다. 다음 배색무늬도 동일하게 실뭉치를 달아 가며 작업한 후 정리합니다.

앞판과 소매 배색도 편물 방향에 따라 실 거는 위치를 맞춰 진행합니다.

바탕실도 배색 부분으로 인해 거리가 생기므로 새로운 실 하나를 2번에서 걸어 사용합니다. 배색을 다 뜬 후 1번 실은 잘라 정리하고 2번으로 계속 떠갑니다. 모든 편물 모든 무늬 동일하게 적용합니다.

QR ——

배색 방법

앞판

6호 코바늘로 [앞판 차트]를 참고하여 착용 시 오른쪽과 왼쪽 부분을 각각 뜹니다. 각 편물은 1단의 앞면을 겉면 또는 안면으로 사용하는지에 따른 진행 방향이 달라 배색 부분을 주의하여, 동일한 방법으로 가로 21무늬, 세로 36무늬를 뜹니다.
목선 부분은 알기 쉽게 단수 별로 다른 색상으로 표시하였습니다.

버튼밴드는 5호 코바늘과 886번 그린 실로 각 [앞판 차트] 도안을 참고하여 뜹니다. 단춧구멍을 뜰 때는 단추의 크기에 따라 사슬의 개수를 조절해주세요. 구멍은 단추가 조금 타이트하게 통과하는 정도가 좋습니다. 또한 버튼밴드의 윗부분(연두색 표시)이 늘어나지 않도록 촘촘히 힘을 주어 떠줍니다. 다 뜬 후 새 실을 이어 빼뜨기로 둘러주는 것도 깔끔하게 마무리할 수 있는 방법입니다.
각 앞판 차트에서 '왼쪽(단추 다는 곳)'의 ●는 각 단추 다는 위치입니다. 위치는 대략적으로 표시했으며, 단춧구멍 부분 편물을 겹친 뒤 구멍에 맞는 위치를 표시하여 단추를 달아줍니다.

43무늬

36무늬

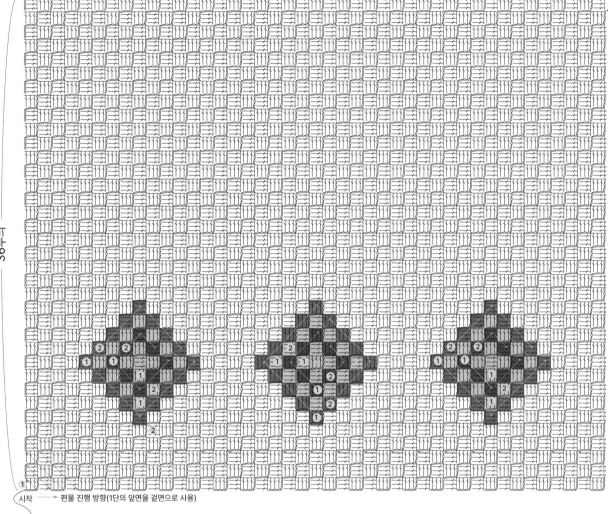

1

시작 ——→ 편물 진행 방향(1단의 앞면을 겉면으로 사용)

⬭	사슬뜨기
⬬	빼뜨기
▶	실 끊기
⊤	한길 긴뜨기

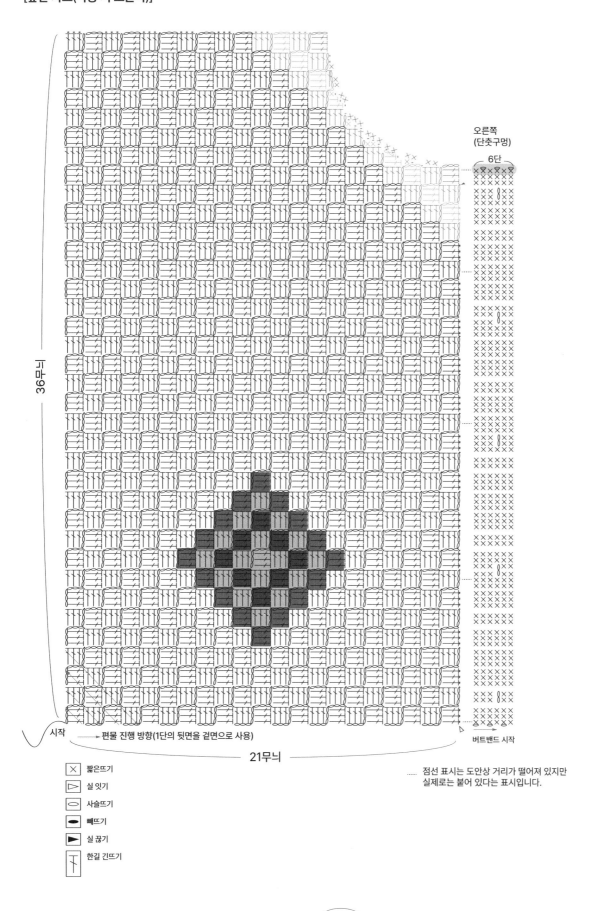

36무늬

오른쪽
(단춧구멍)

6단

시작

편물 진행 방향(1단의 뒷면을 겉면으로 사용)

버트밴드 시작

21무늬

⊠	짧은뜨기
▷	실 잇기
◯	사슬뜨기
●	빼뜨기
▶	실 끊기
⊤	한길 긴뜨기

点선 표시는 도안상 거리가 떨어져 있지만
실제로는 붙어 있다는 표시입니다.

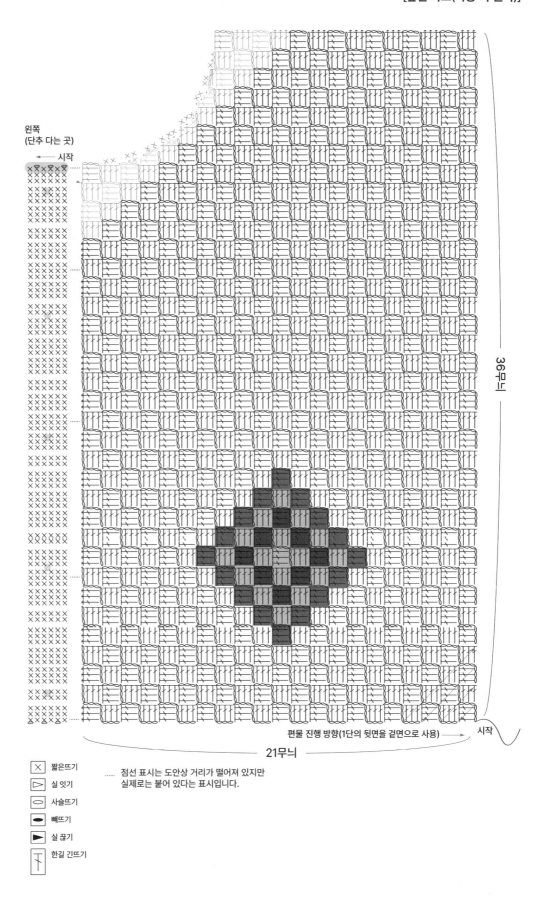

왼쪽
(단추 다는 곳)

← 시작

36무늬

편물 진행 방향(1단의 뒷면을 겉면으로 사용) → 시작

21무늬

X	짧은뜨기
▷	실 잇기
◯	사슬뜨기
●	빼뜨기
▶	실 끊기
↟	한길 긴뜨기

..... 점선 표시는 도안상 거리가 떨어져 있지만
실제로는 붙어 있다는 표시입니다.

소매

6호 코바늘로 [소매 차트] 도안을 참고하여 가로 32무늬, 세로 31무늬를 배색을 해가며 떠줍니다. 양쪽 소매 동일하게 진행하나 배색의 위치만 다르니 주의하며 작업합니다.

[오른쪽 소매 차트]

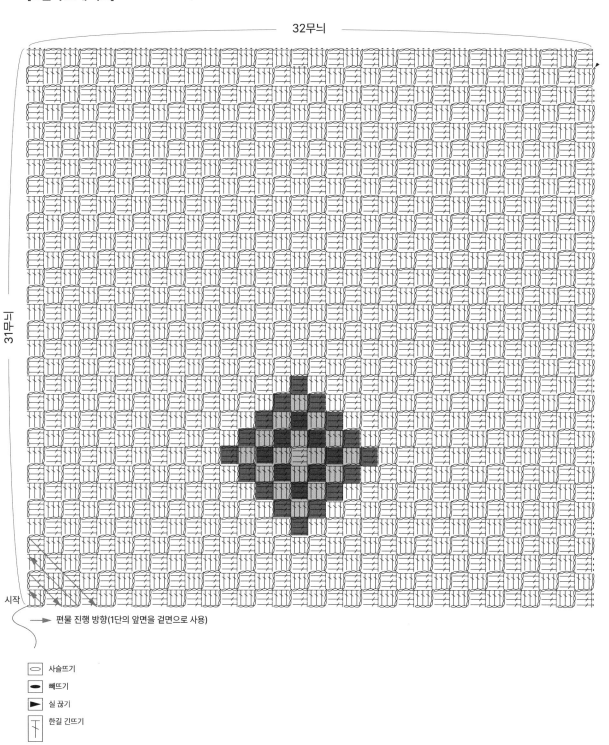

→ 편물 진행 방향(1단의 앞면을 겉면으로 사용)

⬯	사슬뜨기
⬬	빼뜨기
▶	실 끊기
⊤	한길 긴뜨기

[왼쪽 소매 차트]

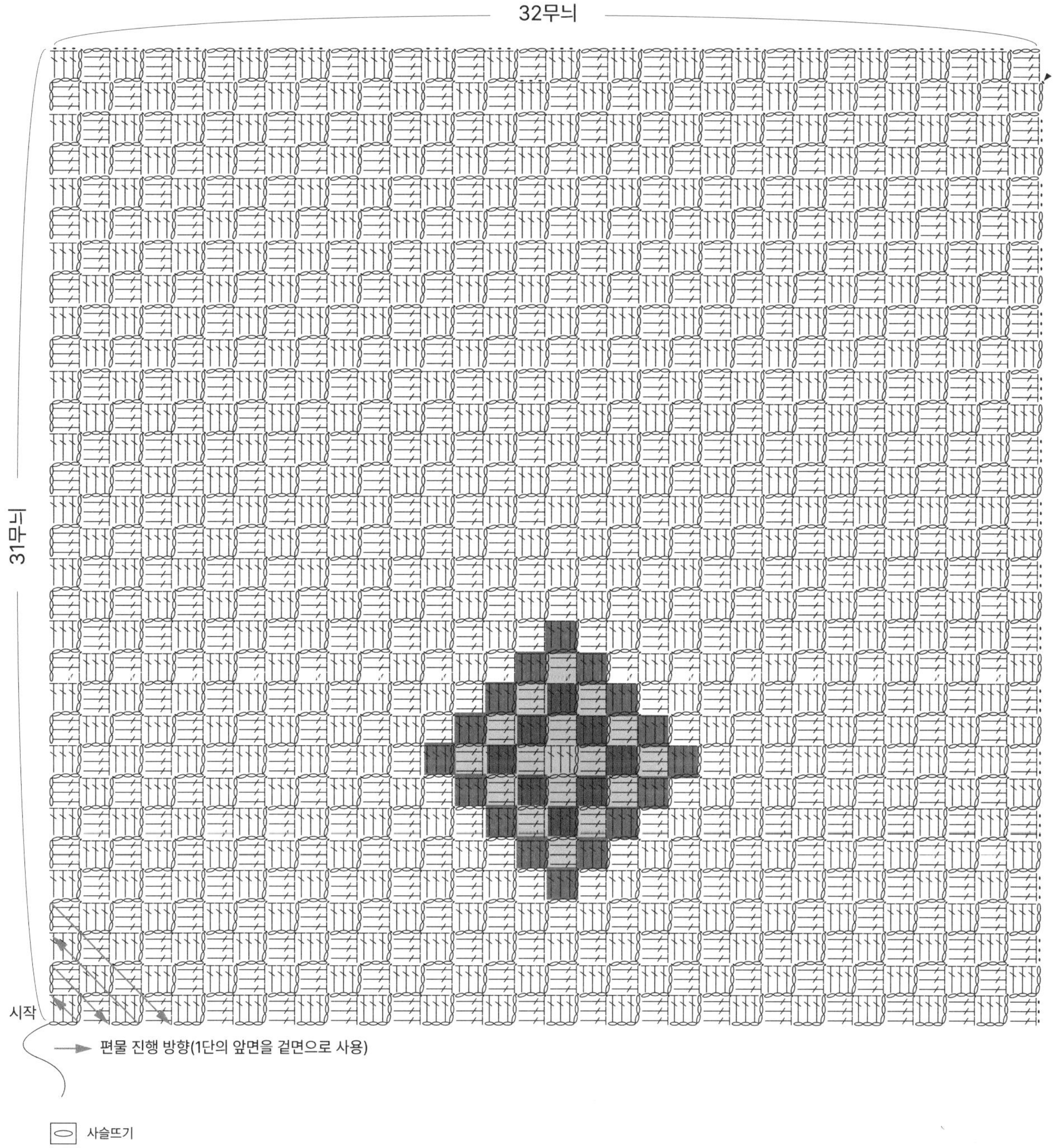
32무늬
31무늬
시작
편물 진행 방향(1단의 앞면을 겉면으로 사용)

사슬뜨기

빼뜨기

실 끊기

한길 긴뜨기

편물 연결

편물을 연결할 때는 6호 코바늘과 883번 올리브 실을 사용하여 몸판 어깨선, 몸판 옆선, 소매를 연결합니다. 편물의 겉과 겉이 마주보게 겹친 다음 아래 차트 도안([빼뜨기1, 사슬3] 반복)을 참고하여 뜹니다. 첫 C2C 무늬 첫 코에 빼뜨기1, 사슬3, 다음 C2C무늬 첫 코에 빼뜨기, 사슬 3을 끝까지 반복해줍니다. C2C 무늬 하나 당 [빼뜨기1, 사슬3] 1번입니다.

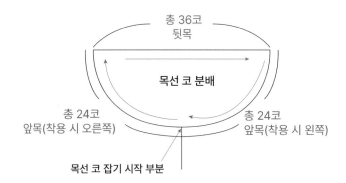

▭ 사슬뜨기
▬ 빼뜨기

목선 테두리

5호 코바늘과 886번 그린 실로 아래 그림과 차트 도안을 참고하여 목선을 잡고 떠줍니다. 편물을 단마다 돌려가며 평면으로 떠줍니다.

총 36코
뒷목

목선 코 분배

총 24코
앞목(착용 시 오른쪽)

총 24코
앞목(착용 시 왼쪽)

목선 코 잡기 시작 부분

총 24코
앞목(착용 시 오른쪽)

총 36코
뒷목

총 24코
앞목(착용 시 왼쪽)

시작

----- 점선은 동일하게 반복됨을 표시합니다.

▭ 사슬뜨기
✕ 짧은뜨기

칼라

아래 차트 도안을 참고하여 6호 코바늘과 886 그린 실로 가로 31무늬, 세로 6무늬를 떠줍니다. 2단부터 코 늘림에 주의하며(차트 도안 내 파란색 부분), 다 뜬 후 아래쪽에 실을 이어 짧은 뜨기 1단을 떠주세요. 짧은뜨기 부분은 5호 코바늘을 사용합니다.

칼라와 목선은 칼라의 겉면과 목선의 안면을 마주보게 잡고 빼뜨기로 연결합니다. 칼라의 경우 겉면과 안면이 동일하여 어느 쪽을 겉면으로 정해도 괜찮습니다.

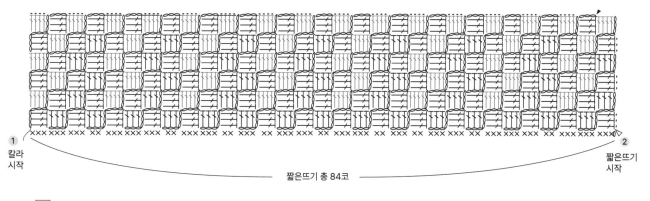

1 칼라 시작

2 짧은뜨기 시작

짧은뜨기 총 84코

⌒	사슬뜨기
⬬	빼뜨기
▷	실 잇기
▶	실 끊기
𝖳	한길 긴뜨기

소매, 몸통 아랫단 테두리

5호 코바늘과 875 진갈색 실로 아래 차트 도안을 참고하여 소매는 원통 뜨기, 몸통 아랫단은 평면 뜨기로 떠줍니다. 첫 C2C 무늬 첫 코에 사슬기둥코1, 짧은뜨기1, 사슬3, 다음 C2C무늬 첫 코에 짧은뜨기, 사슬3을 끝까지 반복해줍니다. C2C 무늬 하나 당 [짧은뜨기1, 사슬3] 1번입니다.

- 원통 기준, 평면은 짧은뜨기로 마무리합니다.
- 몸통의 단추 부분은 사슬 4코, 짧은뜨기로 떠줍니다.

⌒	사슬뜨기
✕	짧은뜨기
⬬	빼뜨기

돌보는 마음 에이프런

김소연
Jolup Kim

돌봄의 대상 앞에서 가져야 할 마음이 담긴 에이프런입니다. 무언가를 잘 돌보기 위해선
상대를 이해해 보겠다는 의지와 끝까지 그를 살피겠다는 굳은 다짐이 필요합니다.
대상을 향한 사랑의 마음을 준비하며 에이프런의 끈을 꽉 매 보세요. 앞으로 나아가기 전,
애정을 담아 단단하게 묶어낸 끈이 모든 돌봄이 끝날 때까지 여러분을 지치지 않게 붙들어 줄 거예요.
모티브를 연결한 듯한 대바늘 무늬가 특징이며, 원하는 부분에 덧수를 놓아 본인만의 특별한 디자인으로
완성합니다. 원피스나 청바지 위에 레이어드 하여 다양하게 연출이 가능합니다.

READY

- **사이즈** 1 (2)
- **가슴 단면** 28 (32)cm
- **어깨 끈 길이** 55 (55)cm
- **밑단 길이** 112 (122)cm
- **총 기장** 78 (78)cm
- **허리둘레** 105 (115)cm
- **스커트 길이** 44 (44)cm
- **허리끈(좌/우)** 100cm / 60cm
- **게이지** 21코 29단(4mm 대바늘, 10×10cm 메리야스뜨기),
  20코 24단(4mm 대바늘 가로 10×세로 8cm 무늬뜨기),
  19코 9단(6호 코바늘, 10×10cm 짧은뜨기)
- **실** 바탕 4 (4)볼, 아사 4 (5)볼 *바탕 2합, 아사 1합(총 3합)을 함께 잡고 뜹니다.
  *샘플에 사용된 색상
- 1 사이즈(바탕 943 미스티블루, 아사 468 블루그레이)
- 2 사이즈(바탕 933 진블루, 아사 464 곤색)
- **바늘** 4mm 줄바늘(길이 80cm, 100cm), 6호 코바늘(3.5mm)
- **그외** 마커 약 10개, 돗바늘, 가위, 덧수용 실(원작: 데이트 941 연회색 소량)
  *덧수용 실은 원작과 같은 느낌을 내려면 바탕실보다 얇은 실을, 덧수 놓은 부분을 더 강조하고 싶으면 바
  탕실과 비슷한 굵기의 실을 사용합니다.
- **진행 유의 사항**
  대바늘과 코바늘을 함께 사용하여 뜨는 에이프런입니다. 바텀업 디자인으로, 대바늘 평면 뜨기로 시작하
  여 치마 부분을 뜨고, 중간 허리 부분에서 코바늘로 허리 라인을 만든 후 대바늘로 탑을 떠줍니다. 어깨 끈
  은 탑 부분 에지를 이어 뜨며, 돗바늘로 스커트와 어깨끈을 연결하여 완성합니다.

스커트

◆

1. 코 잡기

1~3단까지 겉뜨기(가터뜨기)로 진행되며 4단은 안뜨기로 진행됩니다.

1 사이즈는 가로로 무늬 10개, 2 사이즈는 가로로 무늬 11개가 들어갑니다.

4mm 바늘에 일반코 209 (229)코를 만들어줍니다.

1단(겉면) sl1k, 끝까지 겉

2단(안면) sl1k, 끝까지 겉

3단(겉면) sl1k, 끝까지 겉

4단(안면) sl1p, 끝까지 안

*사이즈 조절 시 아래 공식을 참고하여 무늬 개수를 조절합니다.

[20코×무늬 개수+7(무늬 모양 맞추는 용도의 콧수)+2(가장자리 1코씩)]

ex) 무늬 10개 → 20×10+7+2=209코

2. 무늬 단 시작

배색 부분은 덧수를 놓는 부분으로 에이프런 완성 후 취향에 따라 원하는 곳에 놓아줍니다.

에이프런 [무늬뜨기 차트] 도안을 참고하여 무늬를 반복합니다. 각 무늬 사이에 마커를 걸어 구분하면 좋습니다.

5단(겉면) sl1k, 겉1, 안1, [무늬뜨기 차트] 1단을 10 (11)번 반복, 겉1, yo, k2tog, 안1, 겉2

6단(안면) sl1p, 겉1, 안4, [무늬뜨기 차트] 2단을 10 (11)번 반복, 안1, 겉1, 안1

7단(겉면) sl1k, 겉1, 안1, [무늬뜨기 차트] 3단을 10 (11)번 반복, 겉3, 안1, 겉2

8단(안면) sl1p, 겉1, 안4, [무늬뜨기 차트] 4단을 10 (11)번 반복, 안1, 겉1, 안1

9단(겉면) sl1k, 겉1, 안1, [무늬뜨기 차트] 5단을 10 (11)번 반복, 안1, yo, k2tog, 안1, 겉2

10단(안면) sl1p, 겉1, 안4, [무늬뜨기 차트] 6단을 10 (11)번 반복, 안1, 겉1, 안1

11단(겉면) sl1k, 겉1, 안1, [무늬뜨기 차트] 7단을 10 (11)번 반복, 겉3, 안1, 겉2

12단(안면) sl1p, 겉1, 안4, [무늬뜨기 차트] 8단을 10 (11)번 반복, 안1, 겉1, 안1

13단(겉면) sl1k, 겉1, 안1, [무늬뜨기 차트] 9단을 10 (11)번 반복, 겉1, yo, k2tog, 안1, 겉2

14단(안면) sl1p, 겉1, 안4, [무늬뜨기 차트] 10단을 10 (11)번 반복, 안1, 겉1, 안1

15단(겉면) sl1k, 겉1, 안1, [무늬뜨기 차트] 11단을 10 (11)번 반복, 겉3, 안1, 겉2

16단(안면) sl1p, 겉1, 안4, [무늬뜨기 차트] 12단을 10 (11)번 반복, 안1, 겉1, 안1

17단(겉면) sl1k, 겉1, 안1, [무늬뜨기 차트] 13단을 10 (11)번 반복, 겉1, yo, k2tog, 안1, 겉2

18단(안면) sl1p, 겉1, 안4, [무늬뜨기 차트] 14단을 10 (11)번 반복, 안1, 겉1, 안1

19단(겉면) sl1k, 겉1, 안1, [무늬뜨기 차트] 15단을 10 (11)번 반복, 겉3, 안1, 겉2

20단(안면) sl1p, 겉1, 안4, [무늬뜨기 차트] 16단을 10 (11)번 반복, 안1, 겉1, 안1

21단(겉면) sl1k, 겉1, 안1, [무늬뜨기 차트] 17단을 10 (11)번 반복, 겉1, yo, k2tog, 안1, 겉2

22단(안면) sl1p, 겉1, 안4, [무늬뜨기 차트] 18단을 10 (11)번 반복, 안1, 겉1, 안1

23단(겉면) sl1k, 겉1, 안1, [무늬뜨기 차트] 19단을 10 (11)번 반복, 겉3, 안1, 겉2

24단(안면) sl1p, 겉1, 안4, [무늬뜨기 차트] 20단을 10 (11)번 반복, 안1, 겉1, 안1

25단(겉면) sl1k, 겉1, 안1, [무늬뜨기 차트] 21단을 10 (11)번 반복, 겉1, yo, k2tog, 안1, 겉2

26단(안면) sl1p, 겉1, 안4, [무늬뜨기 차트] 22단을 10 (11)번 반복, 안1, 겉1, 안1

27단(겉면) sl1k, 겉1, 안1, [무늬뜨기 차트] 23단을 10 (11)번 반복, 겉3, 안1, 겉2

28단(안면) sl1p, 겉1, 안4, [무늬뜨기 차트] 24단을 10 (11)번 반복, 안1, 겉1, 안1

5~28단을 3번 더 반복합니다. 무늬가 세로로 총 4개 만들어집니다.

취향에 따라 스커트 길이를 조절해도 좋습니다.

[무늬뜨기 차트]

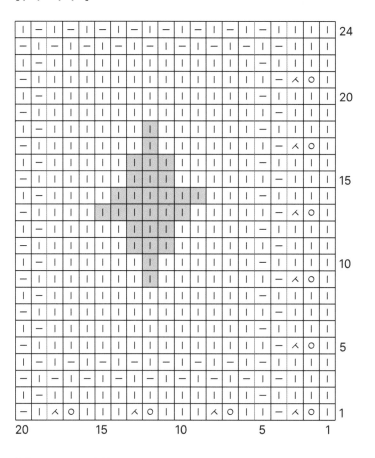

	겉뜨기		k2tog
—	안뜨기	o	바늘 비우기(yo)
ㅅ	skpo		

3. 허리 부분 줄임

마지막 무늬는 허리 부분에 줄임이 들어갑니다. 이전과 동일하게 무늬 부분을 진행하되 그림에서 표시된 패널 부분에서 [무늬뜨기 줄임단 차트] 도안을 참고하여 코를 줄여줍니다. 총 16코가 줄어듭니다.

1 사이즈: 2, 4, 7, 9번째 패널
2 사이즈: 2, 4, 8, 10번째 패널

마지막 무늬를 떠준 후 아래 4단을 떠줍니다.

1단(겉면) sl1k, 겉1, 안1, 무늬 [무늬뜨기 줄임단 차트]의 1단, 줄임단 패널은 25단, 겉3, 안1, 겉2
2단(안면) sl1p, 겉1, 안4, 무늬 [무늬뜨기 줄임단 차트]의 2단, 줄임단 패널은 26단, 안1, 겉1, 안1
3단(겉면) sl1k, 마지막 코가 남을 때까지 안, 안1
4단(안면) sl1p, 끝까지 안
덮어씌워 코 막음합니다.

[무늬 패널]

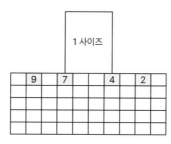
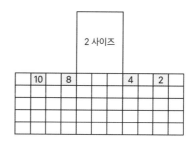

[무늬뜨기 줄임단 차트]

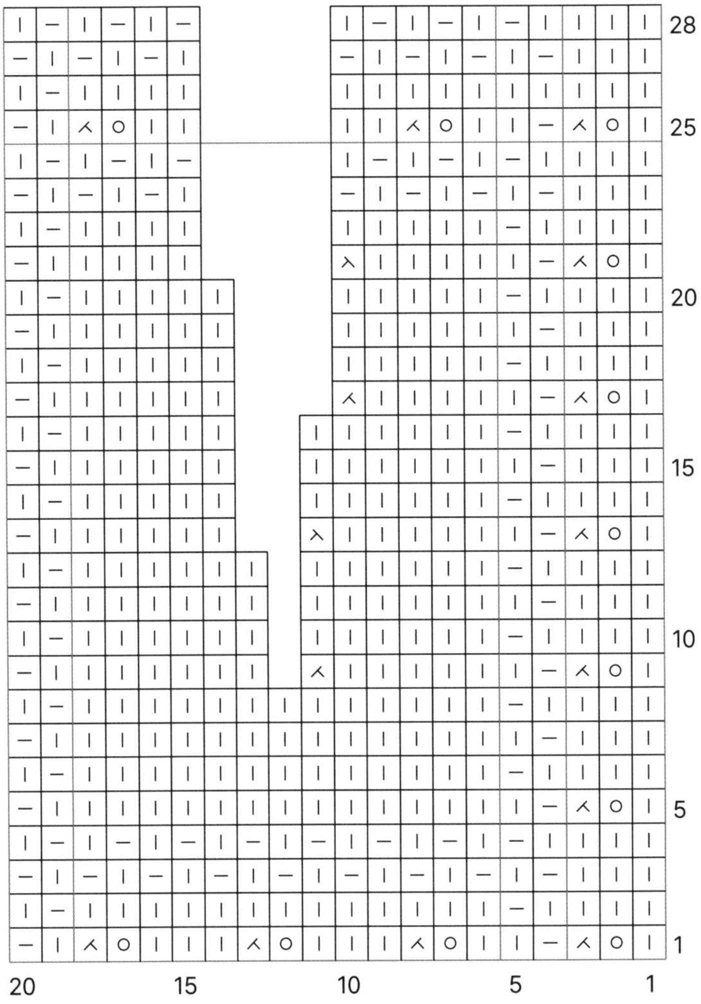

28
25
20
15
10
5
1

20   15   10   5   1

| | 겉뜨기
| − | 안뜨기
| ㅅ | skpo
| ㅅ | k2tog
| ㅇ | 바늘 비우기(yo)

1단 6호 코바늘로 100cm 길이가 될 때까지 사슬뜨기, 이어서 스커트 앞면을 마주보고 오른쪽 끝코부터 끝까지 짧은뜨기, 70cm 길이가 될 때까지 사슬뜨기

2단 편물을 돌려 끝까지 짧은뜨기

3단 편물을 돌려 한길긴뜨기

4단 편물을 돌려 짧은뜨기

덮어씌워 코 막음합니다.

QR ──────

허리밴드 만들기

탑

겉면에서 시작코를 파악한 후 편물을 돌려 4mm 바늘로 안면을 마주보고 안뜨기 방향으로 65 (69)코를 반 코 줍기 합니다. 이때, 편물의 안면을 마주보고 있기 때문에 뜨는 사람과 가까운 쪽의 코(사슬 뒷부분의 코)를 주워줍니다.

*코 줍는 위치

1 사이즈: 7번째 패널의 14번째 코부터 65코

2 사이즈: 8번째 패널의 6번째 코부터 69코

QR ──────

코 줍기

1 사이즈

| 겉뜨기 | 안뜨기 | skpo | k2tog | 바늘 비우기(yo) 로 구성된 무늬 차트 (6칸 × 12단)

2 사이즈 (10칸 × 12단)

기호:

| = 겉뜨기
− = 안뜨기
人 = skpo
人 = k2tog
○ = 바늘 비우기(yo)

편물을 돌려 탑 부분을 시작합니다.

1단(겉면) sl1k, 겉1, 안1 / 겉3 / 안1, 겉1 / [안1, 겉1] 23 (25)번 반복, 안1 / 겉1, 안1 / 겉3 / 안1, 겉1 / 겉1

2단(안면) sl1p, 겉1, 안1 / 안3 / 안1, 겉1 / [안1, 겉1] 23 (25)번 반복, 안1 / 겉1, 안1 / 안3 / 안1, 겉1 / 안1

3단(겉면) sl1k, 겉1, 안1 / 겉1, yo, k2tog / 안1, 겉1 /

여기부터 뜨는 사이즈에 따라 각각 진행합니다.

1 사이즈: [겉1, yo, k2tog, 겉1, 겉1] 9번 반복, 겉1, yo, k2tog, k1 / 겉1, 안1 / 겉1, yo, k2tog / 안1, 겉1 / 겉1

2 사이즈: [겉1, yo, k2tog, 겉1, 겉1] 10번 반복, 겉1, yo, k2tog / 겉1, 안1 / 겉1, yo, k2tog / 안1, 겉1 / 겉1

4단(안면) sl1k, 겉1, 안1 / 안3 / 안1, 겉1 / 안 49 (53) / 겉1, 안1 / 안3, / 안1, 겉1 / 안1

5단(겉면) sl1k, 겉1, 안1 / 겉3 / 안1, 겉1 / [안1, 겉1] 23 (25)번 반복, 안1 / 겉1, 안1 / 겉3 / 안1, 겉1 / 겉1

6단(안면) sl1p, 겉1, 안1 / 안3 / 안1, 겉1 / [안1, 겉1] 23 (25)번 반복, 안1 / 겉1, 안1 / 안3 / 안1, 겉1 / 안1

7단(겉면) sl1k, 겉1, 안1 / 겉1, yo, k2tog / 안1, 겉1 / 겉 49 (53) / 겉1, 안1 / 겉1, yo, k2tog / 안1, 겉1 / 겉1

8단(안면) sl1p, 겉1, 안1 / 안3 / 안1, 겉1 / 안 49 (53) / 겉1, 안1 / 안3 / 안1, 겉1 / 안1

9단(겉면) sl1k, 겉1, 안1 / 겉3 / 안1, 겉1 / 겉 49 (53) / 겉1, 안1 / 겉3 / 안1, 겉1 / 겉1

10단(안면) sl1p, 겉1, 안1 / 안3 / 안1, 겉1 / 안 49 (53) / 겉1, 안1 / 안3 / 안1, 겉1 / 안1

11~62단 7~10단 13번 반복

63~64단 7~8단 반복

65~70단 1~6단 반복

다음 단은 겉면입니다.

9코	47 (51)코	9코

어깨끈

어깨끈이 될 양쪽 9코씩을 남기고, 중간 코들은 덮어씌워 코 막음합니다.
다음 설명에 따라 작업을 계속합니다.

1단(겉면) sl1k, 겉1, 안1 / 겉1, yo, k2tog / 안1, 겉1 / 겉1 / 47 (51)코 덮어씌워 코 막음 / 겉1 / 겉1, 안1 / 겉1, yo, k2tog / 안1, 겉1 / 겉1

*2단부터는 왼쪽 어깨끈 먼저 진행해 주세요. 오른쪽 어깨끈은 별실에 걸어둡니다.

2단(안면) sl1p, 겉1, 안1 / 안3 / 안1, 겉1 / 안1

3단(겉면) sl1k, 겉1, 안1 / 겉3 / 안1, 겉1 / 겉1

4단(안면) sl1p, 겉1, 안1 / 안3 / 안1, 겉1 / 안1

5단(겉면) sl1k, 겉1, 안1 / 겉1, yo, k2tog, / 안1, 겉1 / 겉1

2~5단을 55cm가 될 때까지 반복합니다. 3~5cm 정도 더 길게 뜨면 로우웨이스트 디자인의 에이프런이 됩니다.

덮어씌워 코 막음하고 실을 20cm 정도 남겨 자르고 돗바늘로 스커트 부분과 이어줍니다. 치마 옆단과 어깨끈의 끝을 맞추어 연결합니다.

오른쪽 어깨 끈도 동일하게 작업합니다. 오른쪽 어깨끈은 1단을 끝낸 상태이므로 안면에서 바라보고 실을 새로 걸어 2단부터 진행합니다.

QR ──

어깨끈 연결

덧수 도안을 참고하여 원하는 패널 부분에 덧수 기법으로 무늬를 넣어 마무리합니다(스팀 후 작업).

QR ──

덧수 놓기

돌보는 마음 팔토시

김소연
Jolup Kim

자, 에이프런의 끈을 꽉 매었나요? 이제 팔토시를 팔꿈치까지 끌어올려 보세요.
돌보는 시간 속에서 혹여나 쓸릴 수 있는 손과 마음을 한 겹 감싸며 지켜줄 거예요.
이제 모든 준비는 끝났습니다. 사랑의 마음을 단단하게 준비했으니
웃으면서 돌봄의 자리로 나아갑시다.

READY

- **사이즈** one size
- **팔 윗부분(고무줄) 단면** 11cm
- **중간 부분** 18cm
- **소매 시보리** 9cm
- **총 기장** 38cm
- **게이지** 21코 29단(4mm 대바늘, 10×10cm 메리야스뜨기),
  16코 20단(4mm 대바늘, 가로 7.5×세로 6cm 무늬뜨기)
- **실** 바당 2볼, 아사 2볼 *바당 2합, 아사 1합(총 3합)을 함께 잡고 뜹니다.
  *토시 한 쪽 당 바당, 아사 각각 1볼 씩 소요됩니다.
  *샘플에 사용된 색상
   – 1 사이즈(바당 943 미스티블루, 아사 468 블루그레이)
   – 2 사이즈(바당 933 진블루, 아사 464 곤색)
- **바늘** 4mm 줄바늘(길이 40cm) 또는 4mm 장갑바늘 5개,
  3.5mm 줄바늘(길이 40cm) 또는 3.5mm 장갑바늘 5개
- **그외** 마커 약 10개, 돗바늘, 가위, 의류용 고무줄(너비 1.5cm, 길이 25cm) 2개
- **진행 유의 사항**
  대바늘을 사용하여 뜨는 팔토시입니다. 원통 뜨기로 진행하며, 팔토시 윗부분(겹단 시보리)에 고무줄을
  사용하여 흘러내리지 않고 팔 사이즈에 잘 맞도록 실용성을 높였습니다.

[무늬뜨기 차트]

																	20
I	−	I	I	I	I	I	I	I	I	I	I	−	I	I	I	I	
−	I	I	I	I	I	I	I	I	I	I	−	∧	o	I	I	I	
I	−	I	I	I	I	I	I	I	I	I	I	−	I	I	I	I	15
−	I	I	I	I	I	I	I	I	I	I	−	I	I	I	I	I	
I	−	I	I	I	I	I	I	I	I	I	I	−	∧	o	I	I	
−	I	I	I	I	I	I	I	I	I	I	−	I	I	I	I	I	
I	−	I	I	I	I	I	I	I	I	I	I	−	I	I	I	I	
−	I	I	I	I	I	I	I	I	I	I	−	I	I	I	I	I	
I	−	I	I	I	I	I	I	I	I	I	I	−	∧	o	I	I	10
−	I	I	I	I	I	I	I	I	I	I	−	I	I	I	I	I	
I	−	I	I	I	I	I	I	I	I	I	I	−	I	I	I	I	
−	I	I	I	I	I	I	I	I	I	I	−	∧	o	I	I	I	
I	−	I	−	I	−	I	−	I	−	I	−	I	−	I	I	I	5
−	I	I	−	I	I	I	I	I	I	−	I	I	I	I	I	I	
−	I	I	∧	o	I	I	I	∧	o	I	I	−	∧	o	I	I	
−	I	I	−	I	−	I	−	I	−	I	−	I	−	I	I	I	1

16 15   10   5   1

I	겉뜨기
−	안뜨기
∧	skpo
╱ (k2tog 기호)	k2tog
o	바늘 비우기(yo)

How to make

코 잡기 ◆ 4mm 대바늘로 일반코 56코를 잡아줍니다. 마커를 걸고 첫 단을 시작합니다.

지금부터 작업이 끝날 때까지 원통 뜨기로 작업합니다.

1~5단 모두 겉뜨기

6단 모두 안뜨기

7~11단 모두 겉뜨기

겹단 ◆ **12단** 6난을 기준으로 편물을 안면이 마주보노록 섭어 겹난을 만듭니다. 1단과 11단의 마주보는 코를 각각 함께 겉뜨기 하며 모든 코를 이어줍니다. 9코 정도를 남겨놓고 팔 둘레보다 1cm 정도 짧은 고무줄을 겹단 부분에 넣고 묶어준 후 남은 9코를 떠줍니다.

13단 [겉1, RLI, 겉2, RLI, 겉3, RLI, 겉1] 8번 반복(56코→80코)

QR ——

겹단 만들기

무늬 단 ◆ 글 도안 또는 [무늬뜨기 차트] 도안을 참고하여 진행합니다. 무늬는 가로 5번, 세로 5번 반복됩니다. 각 무늬 사이에 마커를 걸어 구분하면 편리합니다. 기존에 걸려있던 단수 표기용 마커와 다른 색으로 넣어 구별합니다.

14단 {겉3, [안1, 겉1]을 6번 반복, 안1} 5번 반복

15단 {겉3, [안1, 겉1]을 6번 반복, 겉1} 5번 반복

16단 [겉1, yo, k2tog, 안1, 겉2, yo, k2tog, 겉3, yo, k2tog, 겉2, 안1] 5번 반복

17단 [겉3, 겉1, 안1, 겉9, 안1, 겉1] 5번 반복

18단 {겉3, [안1, 겉1]을 6번 반복, 안1} 5번 반복

19단 {겉3, [안1, 겉1]을 6번 반복, 겉1} 5번 반복

20단 [겉1, yo, k2tog, 안1, 겉1, 겉9, 겉1, 안1] 5번 반복

21단 [겉3, 겉1, 안1, 겉9, 안1, 겉1] 5번 반복

22단 [겉3, 안1, 겉1, 겉9, 겉1, 안1] 5번 반복

23단 [겉3, 겉1, 안1, 겉9, 안1, 겉1] 5번 반복

20~23단을 2번 더 반복한 후 20~21단을 1번 더 진행합니다.

여기까지 진행했다면 33단까지 진행되었습니다.

14~33단을 4번 더 반복한 후 14~18단을 1번 더 진행합니다.

마무리 ◆ **줄임 1단** [겉1, k2tog, 겉1, k2tog, 겉2, k2tog] 8번 반복(80코→56코)

줄임 2단 3.5mm 바늘로 바꾼 후 [겉1, 안1, k2tog, 안1, 겉1, p2tog] 끝까지 반복(56코→42코)

1코 고무뜨기로 10단(약 2cm 정도) 떠준 후 1코 고무단 돗바늘 마무리합니다.

나머지 한 쪽도 위와 같은 방법으로 떠줍니다.

허그 미뇽 베스트

미뇽니트
MignonKnit

두 아이를 아빠와 엄마가 꼭 안아주고 있는 모습을 모티브로 작업했습니다. '돌봄'이란 단어는 망설임 없이 제 아이들과 가족을 떠오르게 합니다. 항상 즐거움과 행복만 가득한 것이 아니라 힘듦과 어려움 속에서도 서로를 껴안으며 위로하고 이겨내는 모습이 제게는 돌봄의 이미지라는 생각이 들었습니다. '안아주다'라는 행위와 어감의 따뜻한 느낌과 실용성을 접목한 뒤판과 앞판을 따로 떠서 내려오는 탑다운 후드 베스트입니다.

--- **READY** ---

- **사이즈** (키즈 S:1~2세, M:5~6세, L:9~10세) (성인 S, M, L)
- **가슴 단면** (33.5, 37, 41.25) (48.25, 52.5, 58.25)cm
- **암홀 깊이** (16, 17, 19.5) (25.5, 26.5, 27.5)cm
- **언더암-밑단 길이** (18, 23, 27) (24, 24, 24)cm
- **총 기장** (34, 40, 46.5) (49.5, 50.5, 51.5)cm

  *키즈와 성인 사이즈 모두 가슴둘레에서 10~20cm 정도 여유 있는 사이즈를 선택합니다.
  키즈 사이즈의 몸통 기장은 원하는 대로 조절하여 뜨는 것을 추천합니다.
- **게이지** 18코 24단(4.5mm 대바늘, 10×10cm 메리야스무늬)
- **실** 세븐이지 바탕실 (3, 4, 5) (6, 7, 7)볼, 배색실 1 (1, 1, 1) (1, 1, 1)볼,
  배색실 2 (1, 1, 1) (1, 1, 1)볼

  *샘플에 사용된 색상
   – 키즈 L(바탕실 704 베이지M, 배색실 1 784 핑크M, 배색실 2 3730 옐로우)
   – 성인 M(바탕실 3709 진베이지, 배색실 1 792 커피, 배색실 2 770 진밤)
- **바늘** 4.5mm 줄바늘(길이 60cm 또는 80cm)
- **그외** 시작 마커 1개, 개폐형 마커 4개, 단추(지름 키즈 18mm, 성인 23mm) 4개, 돗바늘, 가위
- **진행 유의 사항**

  1. 기초 뜨개 기법은 QR 영상을 확인해 주세요.

  2. 뒤판과 앞판을 따로 떠서 내려오는 탑다운 후드 베스트입니다. 뒤판은 배색 없이 꽈배기 무늬를 넣어 뜨고, 뒤판 어깨에서 코를 주워 앞판을 떠 내려온 후 목의 앞쪽 부분을 합치면서 꽈배기 무늬에 세로 배색을 넣어줍니다. 네크라인에서 코를 주워 앞판의 배색과 무늬가 연결 되도록 후드 무늬를 넣어 줍니다. 암홀밴드로 앞판과 뒤판을 연결하지만 옆선은 단추를 달아 자유롭게 코디할 수 있습니다.

전체 참고 동영상

뒤판

4.5mm 바늘에 바탕실로 일반코 (30, 30, 30) (36, 36, 36)코를 잡아줍니다.
코 잡은 다음 첫 단은 모두 안뜨기합니다.

1. 뒤판 어깨 늘림
[뒤판 어깨 늘림 차트] 도안을 참고하여 1단부터 (8, 12, 16) (16, 18, 20)단까지 뜹니다.
총 (46, 54, 62) (68, 72, 76)코가 됩니다.
다음 단을 뜨기 전에 반복되는 몸통 무늬를 표시하기 위해 바늘에 다음과 같이 마커를 걸어줍니다.
(5, 9, 13) (16, 18, 20)코, PM, 몸통 무늬 36코, PM, (5, 9, 13) (16, 18, 20)코
이제부터는 [몸통 무늬 차트]를 보며 어깨 늘림이나 배색 없이 바탕실로만 떠줍니다. 다음 단 첫 번째 코와 마지막 코에 개폐형 마커를 걸면 나중에 어깨 코를 주울 때 편리합니다.

다음 단(겉면) 다음 마커까지 안, SM, 몸통 무늬 차트 (9, 13, 17) (17, 19, 21)단, SM, 끝까지 안
다음 단(안면) 다음 마커까지 겉, SM, 몸통 무늬 차트 다음 단, SM, 끝까지 겉

다음 단(겉면) 다음 마커까지 안, SM, 몸통 무늬 차트 다음 단, SM, 끝까지 안
다음 단(안면) 다음 마커까지 겉, SM, 몸통 무늬 차트 다음 단, SM, 끝까지 겉
마지막 두 단을 (9, 11, 14) (18, 17, 18)번 더 반복합니다.
이제 몸통 무늬 차트 (30, 38, 48) (8, 8, 12)단까지 뜬 상태가 됩니다.

2. 뒤판 암홀 늘림(1)
다음 단(겉면) 안2, m1lp, 다음 마커까지 안, SM, 몸통 무늬 차트 다음 단, SM, 마지막 2코 전까지 안, m1rp, 안2
다음 단(안면) 다음 마커까지 겉, SM, 몸통 무늬 차트 다음 단, SM, 끝까지 겉
위의 두 단을 (4, 3, 3) (5, 7, 6)번 더 반복합니다. 총 (56, 62, 70) (80, 88, 90)코가 됩니다.
이제 몸통 무늬 차트 (40, 46, 8) (20, 24, 26)단까지 뜬 상태가 됩니다.

3. 뒤판 암홀 늘림(2)
다음 단(겉면) 안2, m1lp, 다음 마커까지 안, SM, 몸통 무늬 차트 다음 단, SM, 마지막 2코 전까지 안, m1rp, 안2
다음 단(안면) 겉2, m1r, 다음 마커까지 겉, SM, 몸통 무늬 차트 다음 단, SM, 마지막 2코 전까지 겉, m1l, 겉2

위의 두 단을 (1, 1, 1) (1, 1, 2)번 더 반복합니다. 총 (64, 70, 78) (88, 96, 102)코가 됩니다.
몸통 무늬 차트 (44, 2, 12) (24, 28, 32)단까지 뜬 상태가 됩니다.

4. 뒤판 몸통
다음 단(겉면) 다음 마커까지 안, SM, 몸통 무늬 차트 (45, 3, 13) (25, 29, 33)단, SM, 끝까지 안, 감아코 (8, 8, 8) (14, 14, 16)
다음 단(안면) sl1 wyif, [안1, 겉1] (3, 3, 3) (6, 6, 6)번 반복, 안1, 다음 마커까지 겉, SM, 몸통 무늬 차트 다음 단, SM, 끝까지 겉, 감아코 (8, 8, 8) (14, 14, 16)
총 (80, 86, 94) (116, 124, 134)코가 됩니다.

몸통 1단(겉면) sl1 wyib, [겉1, 안1] (3, 3, 3) (6, 6, 6)번 반복, 겉1, 다음 마커까지 안, SM, 몸통 무늬 차트 다음 단, SM, 마지막 (8, 8, 8) (14, 14, 14)코 전까지 안, [겉1, 안1] (3, 3, 3) (6, 6, 6)번 반복, 겉2
몸통 2단(안면) sl1 wyif, [안1, 겉1] (3, 3, 3) (6, 6, 6)번 반복, 안1, 다음 마커까지 겉, SM, 몸통 무늬 차트 다음 단, SM, 마지막 (8, 8, 8) (14, 14, 14)코 전까지 겉, [안1, 겉1] (3, 3, 3) (6, 6, 6)번 반복, 안2
감아코를 만든 단부터 (13, 18, 22) (16, 16, 16)cm 또는 원하는 길이보다 (5, 5, 5) (8, 8, 8)cm 짧게 몸통 1~2단을 반복합니다. 깔끔한 무늬를 위해 몸통 무늬 가운데 케이블을 꼰 다음 단에서 마무리하는 것을 추천합니다. (ex. 몸통 무늬 차트 4, 10, 16, 22단…)

다음 단(겉면) sl1 wyib, [겉1, 안1] (3, 3, 3) (6, 6, 6)번 반복, ssk, 다음 마커까지 겉, RM, 다음 마커까지 겉, RM, 마지막 (8, 8, 8) (14, 14, 14)코 전까지 겉, [겉1, 안1] (3, 3, 3) (6, 6, 6)번 반복, 겉2
몸통 고무단 1단(안면) sl1 wyif, [안1, 겉1] 마지막 2코 전까지 반복, 안2

몸통 고무단 2단(겉면) sl1 wyib, [겉1, 안1] 마지막 2코 전까지 반복, 겉2
몸통 고무단 3단(안면) sl1 wyif, [안1, 겉1] 마지막 2코 전까지 반복, 안2
몸통 고무단 2~3단을 (4, 4, 4) (8, 8, 8)번 더 반복하고 돗바늘로 코 막음합니다.

[뒤판 어깨 늘림 차트 - 키즈 사이즈]

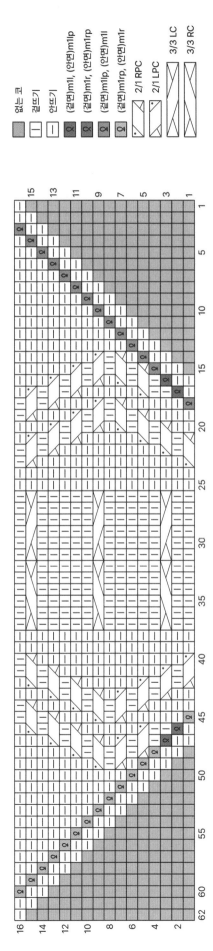

[뒤판 어깨 늘림 차트 - 성인 사이즈]

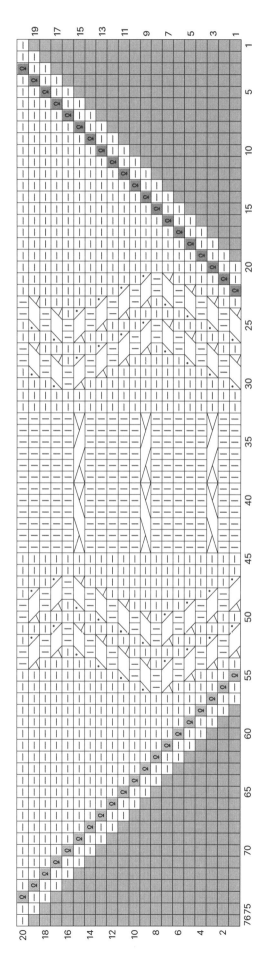

왼쪽 앞판 ◆ 뒤판(겉면)을 바라보고 코를 잡았던 부분이 위로 오도록 잡습니다. 4.5mm 대바늘과 바탕실로 뒷목 코 잡은 부분의 왼쪽 가장자리부터 어깨 경사를 따라 (9, 13, 17) (17, 19, 21)코를 주워줍니다.

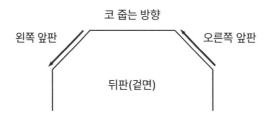

코 주운 다음 단(안면) 모두 겉

1단(겉면) 모두 안

2단(안면) 모두 겉

1~2단을 (3, 6, 7) (10, 12, 13)번 더 반복합니다.

앞목 늘림 1단(겉면) 안1, m1lp, 끝까지 안

앞목 늘림 2단(안면) 모두 겉

앞목 늘림 1~2단을 (0, 0, 0) (2, 2, 2)번 더 반복합니다.

키즈 사이즈만

앞목 늘림 3단(겉면) 안1, m1l, 끝까지 안

앞목 늘림 4단(안면) 마지막 2코 전까지 겉, 안1, 겉1

앞목 늘림 5단(겉면) 안1, m1l, 겉1, 끝까지 안

앞목 늘림 6단(안면) 마지막 3코 전까지 겉, 안2, 겉1

모든 사이즈

총 (12, 16, 20) (20, 22, 24)코가 됩니다.

실을 끊고 왼쪽 앞판 모든 코를 별실 또는 스티치 홀더에 옮겨둡니다.

오른쪽 앞판

뒤판(겉면)을 바라보고 코를 잡았던 부분이 위로 오도록 잡습니다. 4.5mm 대바늘과 바탕실로 뒤판 오른쪽 어깨 가장자리부터 어깨 경사를 따라 (9, 13, 17) (17, 19, 21)코를 주워줍니다.

코 주운 다음 단(안면) 모두 겉
1단(겉면) 모두 안
2단(안면) 모두 겉
1~2단을 (3, 6, 7) (10, 12, 13)번 더 반복합니다.

앞목 늘림 1단(겉면) 마지막 1코 전까지 안, m1rp, 안1
앞목 늘림 2단(안면) 모두 겉
앞목 늘림 1~2단을 (0, 0, 0) (2, 2, 2)번 더 반복합니다.

키즈 사이즈만
앞목 늘림 3단(겉면) 마지막 1코 전까지 안, m1r, 안1
앞목 늘림 4단(안면) 겉1, 안1, 끝까지 겉
앞목 늘림 5단(겉면) 마지막 2코 전까지 안, 겉1, m1r, 안1
앞목 늘림 6단(안면) 겉1, 안2, 끝까지 겉

모든 사이즈
총 (12, 16, 20) (20, 22, 24)코가 됩니다.
실을 끊지 않고 앞판 연결로 넘어갑니다.

앞판 연결

별실에 옮겨 두었던 왼쪽 앞판 코를 오른쪽 앞판을 뜨던 바늘로 옮겨줍니다.

키즈 사이즈만
다음 단(겉면) 안 (5, 9, 13) (-, -, -), PM, 안4, 겉2, 안1, 감아코 6, 배색실 1로 감아코 1코를 만들어 이전 코로 덮어씌우기
배색실 1로 감아코 6코를 더 만듭니다. 배색실 2로 감아코 1코를 만들어 이전 코로 덮어씌웁니다. 배색실 2로 감아코 6코를 더 만듭니다. 새로운 바탕실로 감아코 1코를 만들어 이전 코로 덮어씌우고 감아코 4코를 더 만듭니다. 왼쪽 앞판에 연결하여 안1, 겉2, 안4, PM, 끝까지 안(양 어깨에 바탕실이 1볼 씩 따로 걸려 있게 됩니다)

성인 사이즈만
다음 단(겉면) 안(-, -, -) (16, 18, 20), PM, 안4, 감아코 9, 배색실 1로 감아코 1코를 만들어 이

전 코로 덮어씌우기

배색실 1로 감아코 6코를 더 만듭니다. 배색실 2 실로 감아코 1코를 만들어 이전 코로 덮어씌웁니다. 배색실 2로 감아코 6코를 더 만듭니다. 새로운 바탕실로 감아코 1코를 만들어 이전 코로 덮어씌우고 감아코 7코를 더 만듭니다. 왼쪽 앞판에 연결하여 안4, PM, 끝까지 안(양 어깨에 바탕실이 1볼 씩 따로 걸려 있게 됩니다.)

QR ——

앞판 연결

모든 사이즈

이제부터는 바늘에 걸려있는 색을 유지하며 무늬를 뜨게 됩니다.

다음 단(안면) 다음 마커까지 겉, SM, 겉4, [안2, 겉2] 2번 반복, 안12, [겉2, 안2] 2번 반복, 겉4, SM, 끝까지 겉

앞판은 총 (46, 54, 62) (68, 72, 76)코가 됩니다.

다음 단(겉면) 다음 마커까지 안, SM, 몸통 무늬 차트 1단, SM, 끝까지 안
다음 단(안면) 다음 마커까지 겉, SM, 몸통 무늬 차트 다음 단, SM, 끝까지 겉

다음 단(겉면) 다음 마커까지 안, SM, 몸통 무늬 차트 다음 단, SM, 끝까지 안
다음 단(안면) 다음 마커까지 겉, SM, 몸통 무늬 차트 다음 단, SM, 끝까지 겉
마지막 두 단을 (4, 4, 7) (11, 9, 10)번 더 반복합니다.
몸통 무늬 차트 (12, 12, 18) (26, 22, 24)단까지 뜬 상태가 됩니다.

1. 앞판 암홀 늘림(1)
다음 단(겉면) 안2, m1lp, 다음 마커까지 안, SM, 몸통 무늬 차트 다음 단, SM, 마지막 2코 전까지 안, m1rp, 안2
다음 단(안면) 다음 마커까지 겉, SM, 몸통 무늬 차트 다음 단, SM, 끝까지 겉
위의 두 단을 (4, 3, 3) (5, 7, 6)번 더 반복합니다. 총 (56, 62, 70) (80, 88, 90)코가 됩니다.
몸통 무늬 차트 (22, 20, 26) (38, 38, 38)단까지 뜬 상태가 됩니다.

2. 앞판 암홀 늘림(2)
다음 단(겉면) 안2, m1lp, 다음 마커까지 안, SM, 몸통 무늬 차트 다음 단, SM, 마지막 2코 전까지 안, m1rp, 안2
다음 단(안면) 겉2, m1r, 다음 마커까지 겉, SM, 몸통 무늬 차트 다음 단, SM, 마지막 2코 전까

지 겉, m1l, 겉2

위의 두 단을 (1, 1, 1) (1, 1, 2)번 더 반복합니다. 총 (64, 70, 78) (88, 96, 102)코가 됩니다.

몸통 무늬 차트 (26, 24, 30) (42, 42, 44)단까지 뜬 상태가 됩니다.

3. 앞판 몸통 뜨기(3)

다음 단(겉면) 다음 마커까지 안, SM, 몸통 무늬 차트 (27, 25, 31) (43, 43, 45)단, SM, 끝까지 안, 감아코 (8, 8, 8) (14, 14, 16)

다음 단(안면) sl1 wyif, [안1, 겉1] (3, 3, 3) (6, 6, 6)번 반복, 안1, 다음 마커까지 겉, SM, 몸통 무늬 차트 다음 단, SM, 끝까지 겉, 감아코 (8, 8, 8) (14, 14, 16)

총 (80, 86, 94) (116, 124, 134)코가 됩니다.

몸통 1단(겉면) sl1 wyib, [겉1, 안1] (3, 3, 3) (6, 6, 6)번 반복, 겉1, 다음 마커까지 안, SM, 몸통 무늬 차트 다음 단, SM, 마지막 (8, 8, 8) (14, 14, 14)코 전까지 안, [겉1, 안1] (3, 3, 3) (6, 6, 6)번 반복, 겉2

몸통 2단(안면) sl1 wyif, [안1, 겉1] (3, 3, 3) (6, 6, 6)번 반복, 안1, 다음 마커까지 겉, SM, 몸통 무늬 차트 다음 단, SM, (8, 8, 8) (14, 14, 14)코 전까지 겉, [안1, 겉1] (3, 3, 3) (6, 6, 6)번 반복, 안2

앞판 감아코를 만든 단부터 (5, 7, 9) (7, 7, 7)cm 될 때까지 몸통 1~2단을 반복합니다.

단춧구멍단(겉면) sl1 wyib, [겉1, 안1] (1, 1, 1) (3, 3, 3)번 반복, 겉1, yo, k2tog, [안1, 겉1] (1, 1, 1) (2, 2, 2)번 반복, 다음 마커까지 안, SM, 몸통 무늬 차트 다음 단, SM, 마지막 (8, 8, 8) (14, 14, 14)코 전까지 안, [겉1, 안1] (1, 1, 1) (2, 2, 2)번 반복, 겉1, yo, k2tog, [안1, 겉1] (1, 1, 1) (3, 3, 3)번 반복, 겉1

다음 단(안면) sl1 wyif, [안1, 겉1] (3, 3, 3) (6, 6, 6)번 반복, 안1, 다음 마커까지 겉, SM, 몸통 무늬 차트 다음 단, SM, 마지막 (8, 8, 8) (14, 14, 14)코 전까지 겉, [안1, 겉1] (3, 3, 3) (6, 6, 6)번 반복, 안2

단춧구멍단에서 (6, 7, 9) (7, 7, 7)cm가 될 때까지 몸통 1~2단을 반복하고, 1번 더 단춧구멍단을 뜹니다.

앞판 감아코를 만든 단부터 (13, 18, 22) (16, 16, 16)cm가 될 때까지 또는 원하는 길이보다 (5, 5, 5) (8, 8, 8)cm 짧게 몸통 1~2단을 반복합니다. 뒤판처럼 몸통 무늬 가운데 케이블을 꼰 다음 단에서 마무리하며 앞판과 뒤판의 무늬 단수가 동일하지 않으므로 취향껏 길이를 조절해도 좋습니다.

이제부터는 배색실 1, 배색실 2는 20cm 정도 남겨 자르고 바탕실로만 뜹니다.

다음 단 (겉면) sl1 wyib, [겉1, 안1] (3, 3, 3) (6, 6, 6)번 반복, ssk, 다음 마커까지 겉, RM, 다음 마커까지 겉, RM, 마지막 (8, 8, 8) (14, 14, 14)코 전까지 겉, [겉1, 안1] (3, 3, 3) (6, 6, 6)번 반복, 겉2

다음 단(안면) sl1 wyif, [안1, 겉1] 마지막 2코 전까지 반복, 안2

다음 단(겉면) sl1 wyib, [겉1, 안1] 마지막 2코 전까지 반복, 겉2

다음 단(안면) sl1 wyif, [안1, 겉1] 마지막 2코 전까지 반복, 안2

마지막 두 단을 (4, 4, 4) (8, 8, 8)번 더 반복하고 돗바늘 코 막음합니다.

암홀밴드

앞판의 옆선밴드가 위로 오게끔 앞뒤판의 옆선밴드를 겹쳐 잡고, 4.5mm 바늘과 바탕실로 옆선밴드의 오른쪽 끝 겉뜨기부터 (7, 7, 7) (13, 13, 13)코를 주워줍니다. 걸러뜨기 했던 코는 줍지 않습니다.

몸판 감아코에서 1코에 1코씩 (0, 0, 0) (0, 0, 2)코를 주워줍니다. 앞판과 뒤판에서 4단에 3코씩 줍되 뒤판에서는 (27, 28, 33) (42, 44, 45)코, 앞판에서는 (32, 35, 42) (55, 57, 60)코를 주워줍니다. 몸판 감아코에서 1코에 1코씩 (0, 0, 0) (0, 0, 2)코를 주워줍니다. PBORM
총 (66, 70, 82) (110, 114, 122)코가 됩니다.

원통 뜨기로 1코 고무뜨기를 (5, 5, 5) (6, 6, 6)단 뜨고, 겉뜨기는 겉뜨기로, 안뜨기는 안뜨기로 떠서 덮어씌워 코 막음합니다.
반대쪽도 같은 방법으로 떠줍니다.

뒤판 옆선밴드에 앞판의 단춧구멍과 같은 위치에 4개의 단추를 달아 마무리합니다.

QR ———

암홀밴드 코 줍기

후드

4.5mm 바늘과 배색실 1로 앞판의 [몸통 무늬 차트] 18번째 코부터 13번째 코까지 1코에 1코씩 6코를 주워줍니다. 바탕실로 [몸통 무늬 차트] 12번째 코부터 5번째 코까지 1코에 1코씩 8코를 주워줍니다. 오른쪽 앞목 부분을 따라 4단에 3코씩 (6, 11, 12) (21, 24, 26)코를 줍고, 뒷목을 따라 1코에 1코씩 (28, 28, 28) (34, 34, 34)코를 줍고, 왼쪽 앞목 부분을 따라 4단에 3코씩 (6, 11,

12) (21, 24, 26)코를 주워줍니다. [몸통 무늬 차트] 32번째 코부터 25번째 코까지 1코에 1코씩 8코를 주워줍니다. 배색실 2로 앞판의 [몸통 무늬 차트] 24번째 코부터 19번째 코까지 1코에 1코씩 6코를 주워줍니다. 총 (68, 78, 80) (104, 110, 114)코가 됩니다.

QR ———

후드 코 줍기

Tip 키즈 사이즈 코 줍는 위치

① 사진 좌측: [몸통 무늬 차트] 12번째 코부터 5번째 코까지 총 8코 줍는 위치입니다.

(중앙 배색실 1 옆 바탕실이 시작되는 안뜨기 코에서부터 2코+겉뜨기 코에서 2코+안뜨기 코에서 2코+겉뜨기 코에서 2코 줍습니다.)

② 사진 우측: [몸통 무늬 차트] 32번째 코부터 25번째 코까지 총 8코 줍는 위치입니다.

(겉뜨기 코에서 2코+안뜨기 코에서 2코+겉뜨기 코에서 2코+배색실 2 이전 안뜨기 코에서 2코 줍습니다.)

이제부터는 바늘에 걸려있는 색을 유지하며 무늬를 뜨게 됩니다.

코 주운 다음 단(안면) 안6, [겉2, 안2] 2번 반복, 겉2, turn

경사뜨기 1단(겉면) DS 만들기, 2/1 RPC, 안1, 2/1 RPC, 안2, 겉6

경사뜨기 2단(안면) 안6, 겉3, 안2, 겉2, 안2, DS를 겉뜨기로 정리(DS 두 가닥을 한 번에 겉뜨기), 겉1, turn

경사뜨기 3단(겉면) DS 만들기, 2/1 RPC, 안1, 2/1 RPC, 안3, 겉6

경사뜨기 4단(안면) 안6, 겉4, 안2, 겉2, 안2, DS를 겉뜨기로 정리, 겉1, turn

경사뜨기 5단(겉면) DS 만들기, 2/1 RPC, 안1, 2/1 RPC, 안4, 3/3 RC

경사뜨기 6단(안면) 안6, 겉5, 안2, 겉2, 안2, DS를 겉뜨기로 정리, 겉1, turn

경사뜨기 7단(겉면) DS 만들기, PM, 2/1 RPC, 안1, 2/1 RPC, 안5, 겉6

경사뜨기 8단(안면) 후드 차트 L 8단, SM, DS를 겉뜨기로 정리, 겉1, turn

성인 사이즈만

경사뜨기 9단(겉면) DS 만들기, 다음 마커까지 안, SM, 후드 차트 L 다음 단

경사뜨기 10단(안면) 후드 차트 L 다음 단, SM, DS 전까지 겉, DS를 겉뜨기로 정리, 겉1, turn

경사뜨기 9~10단을 (-, -, -) (3, 4, 5)번 더 반복합니다.

모든 사이즈

다음 단(겉면) DS 만들기, 다음 마커까지 안, SM, 후드 차트 L (9, 9, 9) (17, 19, 21)단

경사뜨기 정리단(안면) 후드 차트 L 다음 단, SM, DS 전까지 겉, DS를 겉뜨기로 정리, 마지막 14코 전까지 겉, [안2, 겉2] 2번 반복, 안6

경사뜨기 1단(겉면) 겉6, 안2, 2/1 LPC, 안1, 2/1 LPC, 안2, turn

경사뜨기 2단(안면) DS 만들기, 겉1, 안2, 겉2, 안2, 겉3, 안6

경사뜨기 3단(겉면) 겉6, 안3, 2/1 LPC, 안1, 2/1 LPC, DS를 안뜨기로 정리, 안1, turn

경사뜨기 4단(안면) DS 만들기, 겉1, 안2, 겉2, 안2, 겉4, 안6

경사뜨기 5단(겉면) 3/3 LC, 안4, 2/1 LPC, 안1, 2/1 LPC, DS를 안뜨기로 정리, 안1, turn

경사뜨기 6단(안면) DS 만들기, 겉1, 안2, 겉2, 안2, 겉5, 안6

경사뜨기 7단(겉면) 겉6, 안5, 2/1 LPC, 안1, 2/1 LPC, PM, DS를 안뜨기로 정리, 안1, turn

경사뜨기 8단(안면) DS 만들기, 겉1, SM, 후드 차트 R 8단

경사뜨기 9단(겉면) 후드 차트 R 다음 단, SM, DS 전까지 안, DS를 안뜨기로 정리, 안1, turn

경사뜨기 10단(안면) DS 만들기, 다음 마커까지 겉, SM, 후드 차트 R 다음 단

경사뜨기 9~10단을 (0, 0, 0) (4, 5, 6)번 더 반복합니다.

경사뜨기 정리단(겉면) 후드 차트 R (11, 11, 11) (19, 21, 23)단, SM, 안(10, 15, 16) (28, 31, 33) 하면서 DS가 나오면 안뜨기로 정리, PM, 안12, PM, 안(10, 15, 16) (28, 31, 33), SM, 후드 차트 L (11, 11, 11) (19, 21, 23)단

후드 늘림 1단(안면, 늘림단) 후드 차트 L 다음 단, SM, 다음 마커까지 겉, m1r, SM, 다음 마커까지 겉, SM, m1l, 다음 마커까지 겉, SM, 후드 차트 R 다음 단

후드 늘림 2단(겉면) 후드 차트 R 다음 단, [SM, 다음 마커까지 안] 2번 더 반복, SM, 후드 차트 L 다음 단

후드 늘림 1~2단을 (7, 7, 7) (5, 5, 5)번 더 반복합니다. 총 (84, 94, 96) (116, 122, 126)코가 됩니다.

다음 단(안면) 후드 차트 L 다음 단, SM, 다음 마커까지 겉, RM, 겉6, PM, 겉6, RM, 다음 마커까지 겉, SM, 후드 차트 R 다음 단

다음 단(겉면) 후드 차트 R 다음 단, [SM, 다음 마커까지 안] 1번 더 반복, SM, 후드 차트 L 다음 단

다음 단(안면) 후드 차트 L 다음 단, [SM, 다음 마커까지 겉] 1번 더 반복, SM, 후드 차트 R 다음 단

마지막 두 단을 뒷목코 주운 부분부터 (19, 21, 21) (21, 21, 21)cm가 될 때 까지 또는 원하는 길이의 (4, 4, 5) (7, 7, 8)cm 전까지 반복합니다.

후드 줄임 1단(겉면) 후드 차트 R 다음 단, SM, 다음 마커 2코 전까지 안, p2tog, SM, p2togtbl, 다음 마커까지 안, SM, 후드 차트 L 다음 단

후드 줄임 2단(안면) 후드 차트 L 다음 단, SM, 다음 마커 2코 전까지 겉, k2togtbl, SM, k2tog, 다음 마커까지 겉, SM, 후드 차트 R 다음 단

후드 줄임 1~2단을 (3, 3, 4) (6, 6, 7)번 더 반복합니다. 총 (68, 78, 76) (88, 94, 94)코가 됩니다.

편물을 뒤집어서 마커로 구분되어 있는 콧수만큼(절반) 겹쳐 잡고, 어깨 잇기(3 Needles Bind Off)로 모든 코를 코 막음합니다.
단, 배색실 부분은 배색실 1로, 바탕실 부분은 바탕실로 코 막음합니다.

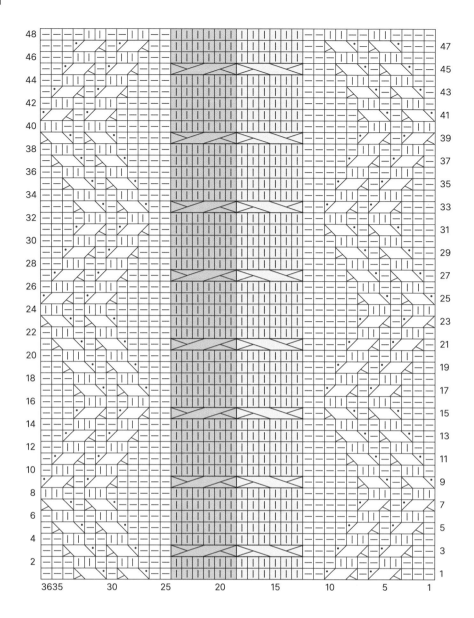

	바탕실
	배색실 1
	배색실 2
	겉뜨기
	안뜨기
	2/1 RPC
	2/1 LPC
	3/3 LC
	3/3 RC

[후드 차트 L(왼쪽)]

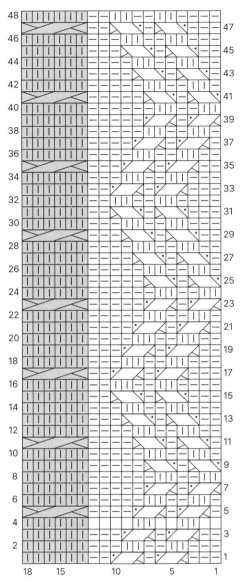

[후드 차트 R(오른쪽)]

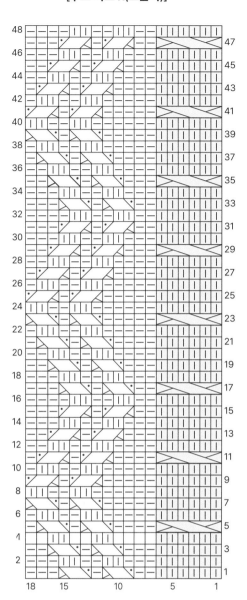

바탕실
배색실 1
배색실 2
겉뜨기
안뜨기
2/1 RPC
2/1 LPC
3/3 LC
3/3 RC

품 카디건

아울라마 스투디오
Owllama Studio

육아에서 돌봄의 상징인 포대기로부터 영감을 받은 로브형 카디건입니다. 루즈하면서도 네모반듯한 박스형 실루엣은 조건 없이 사랑을 베풀고자 하는 열린 마음과 여유를 상징하기도 합니다.

전체적으로 배치된 물결 케이블무늬는 엄마의 등에 의지할 때 느껴지는 숨소리와 심장박동의 규칙적인 리듬 그리고 한결같이 일렁이는 사랑을 나타내며, 강렬한 배색은 엄마의 강인함을 나타냅니다. 소매에서 펼쳐지는 세 가지 색상의 변형 스트라이프무늬는 돌봄을 통하여 얻게 되는 충만함의 상징이며, 넓은 소매를 강조시키는 고무단은 언제든지 소매를 걷는다는 적극적인 마인드를 녹여낸 디테일입니다.

숨소리가 물결치던 엄마의 품과 따뜻한 위안이 그리울 때, 언제든 꺼내어 두르는 '품'을 통해 사랑(돌봄)의 위대함을 재발견하는 시간이 되기를 바랍니다.

READY

- **사이즈** one size
- **총 기장** 63cm
- **암홀 단면** 23cm
- **가슴 단면** 60cm
- **소매 기장** 44cm

- **게이지** 21코 25단(5.5mm 대바늘, 10×10cm Ⓐ.물결 케이블무늬),
  21코 34단(5.5mm 대바늘, 10×10cm Ⓑ.변형 스트라이프무늬),
  26코 26단(5.5mm 대바늘, 10×10cm Ⓒ.허니콤(벌집) 스티치무늬),
  30코 28단(4.5mm 대바늘, 10×10cm Ⓓ.꼬아뜨기 고무단)
- **실** 아임울4 152 진곤색 6볼, 139 연쑥 4볼, 배색 135 라이트라벤더 1볼
- **바늘** 5.5mm 대바늘, 4.5mm 대바늘, 케이블(60cm 내외)
- **그외** 마커 40~50개, 돗바늘, 꽈배기바늘, 안전핀
- **진행 유의 사항**
  1. 바텀업으로 뜨는 니트입니다.
  2. 케이블 무늬는 네 가지 유형이며, 콧수와 케이블의 방향에 유의하며 진행해주세요.
  3. 차트와 설명을 익힌 후 뜨개 순서에 유의하며 진행해 주세요.
  뒤판 - 앞판 - 소매 - (a)어깨 연결 - (b)뒷목 연결 - (c)네크라인 연결 - (d)소매와 몸판 연결 - (e)몸판과 소매의 옆선 연결
  4. 몸판의 앞판과 뒤판의 시접 부분 무늬가 다르기 때문에 시접 연결을 위해 10단마다 단 표시를 해주세요.

[사이즈]

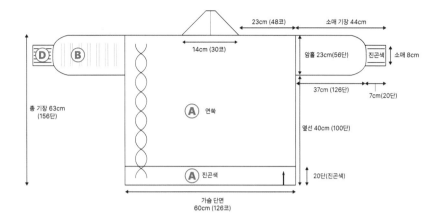

23cm (48코)　　소매 기장 44cm

14cm (30코)

암홀 23cm(56단)　　진곤색　소매 8cm

37cm (126단)　　7cm(20단)

총 기장 63cm
(156단)

Ⓐ 연쑥

옆선 40cm (100단)

Ⓐ 진곤색　20단(진곤색)

가슴 단면
60cm (126코)

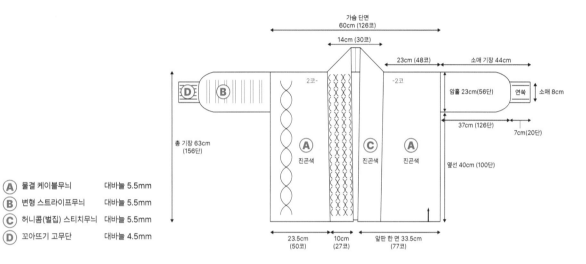

가슴 단면
60cm (126코)

14cm (30코)

23cm (48코)　　소매 기장 44cm

2코-　　　-2코

암홀 23cm(56단)　연쑥　소매 8cm

37cm (126단)　7cm(20단)

총 기장 63cm
(156단)

Ⓐ 진곤색　　Ⓒ 진곤색　　Ⓐ 진곤색

옆선 40cm (100단)

23.5cm
(50코)　10cm
(27코)　앞판 한 면 33.5cm
(77코)

Ⓐ	물결 케이블무늬	대바늘 5.5mm
Ⓑ	변형 스트라이프무늬	대바늘 5.5mm
Ⓒ	허니콤(벌집) 스티치무늬	대바늘 5.5mm
Ⓓ	꼬아뜨기 고무단	대바늘 4.5mm

[뜨는 순서]

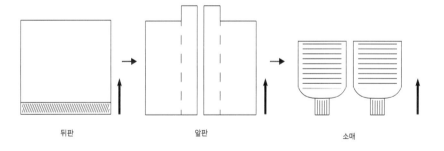

뒤판　　　　앞판　　　　소매

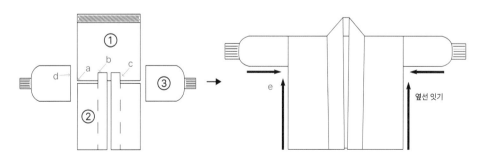

① ② ③

a b c　d

e　　옆선 잇기

뒤판

◆ 60cm 케이블을 연결한 5.5mm 바늘에 아임울4 152번 실로 일반코 126코를 잡아줍니다.

[뒤판 차트] 도안을 참고하여 Ⓐ물결 케이블무늬를 20단 뜬 뒤 139번 실로 총 156단이 될 때까지 뜹니다.

- 100단에서 마커로 암홀 위치를 표시합니다.

- 156단에서 왼쪽 어깨를 48코 뜨고, 뒷목 30코를 안뜨기로 코 막음한 뒤 오른쪽 어깨를 48코 뜬 후 양쪽 어깨를 안전핀에 걸어 놓습니다.

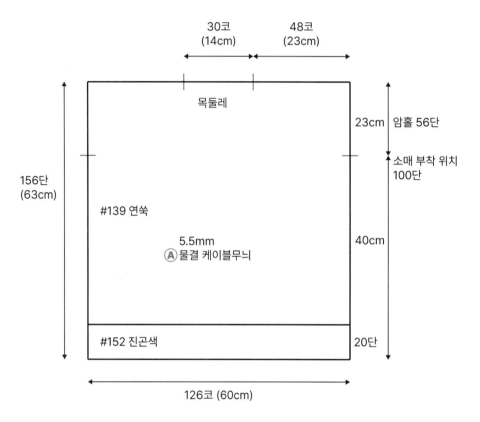

앞판

1. 60cm 케이블을 연결한 5.5mm 바늘에 아임울4 152번 실로 일반코 77코를 잡아줍니다.

[앞판 차트] 도안을 참고하며, 코 잡은 단을 1단으로 약속합니다.

2. 앞섶 27코는 ⓒ허니콤 스티치무늬로, 몸판 50코는 Ⓐ물결 케이블무늬로 뜹니다. 몸판을 156단까지 뜨고, ⓒ허니콤 스티치무늬를 연장하여 18단(뒷카라에 해당) 더 뜹니다.

- 좌우측의 앞섶 시작 2코는 걸러뜨기 합니다(차트 참고).

- 100단에서 마커로 암홀 위치를 표시합니다.

- 143단과 149단의 Ⓐ물결 케이블 무늬에서 1코씩 줄여 어깨코가 48코가 됩니다.

- 뒷카라를 다 뜬 후 코 막음하지 않고 안전핀에 걸어 놓습니다. 어깨도 안전핀에 걸어 놓습니다.

- 앞판과 뒤판 암홀의 위치는 소매의 너비에 따라 100단의 위치에서 위아래로 ±2~3단 조절해도 됩니다.

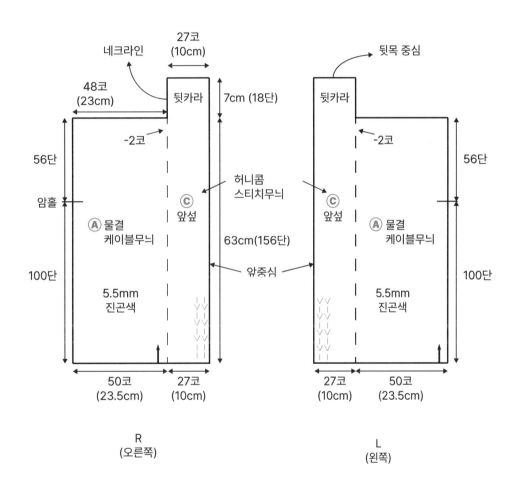

소매

1. 세 가지 컬러가 4단마다 반복되며, 걸러뜨기가 교차되어 특유의 문양을 만들어 내는 변형 스트라이프무늬입니다. [소매 차트] 도안을 참고하며 뜹니다.

2. 소매 고무단은 4.5mm 바늘, 소매는 5.5mm 대바늘을 사용하며, 아임울4 152, 139, 135번 실을 사용합니다.

3. 4.5mm 바늘을 이용하여 일반코 48코를 잡아줍니다. 코 잡은 단을 1단으로 약속합니다. 꼬아뜨기로 1코 고무뜨기를 20단 뜹니다. 좌측 소매 고무단은 139번, 우측 소매 고무단은 152번 실을 사용합니다.

4. 5.5mm 바늘과 152번 실로 소매를 뜹니다(이후 4단마다 컬러 교체). 소매의 첫 단에서 m1r로 45코를 늘려서 93코로 변형 스트라이프무늬를 총 126단을 떠줍니다.

꼬리실은 암홀 연결 시 필요하므로 암홀 둘레의 3배 정도로 여유 있게 남겨 쉼코로 둡니다.

코 막음한 상태에서 연결하는 것을 선호한다면 겉면에서 안뜨기로 보이도록 126단(안면)에서 겉뜨기로 덮어씌워 코 막음합니다.

QR ——

소매 배색

[소매 변형 스트라이프무늬] *소매/변형 스트라이프의 연습용 차트입니다.

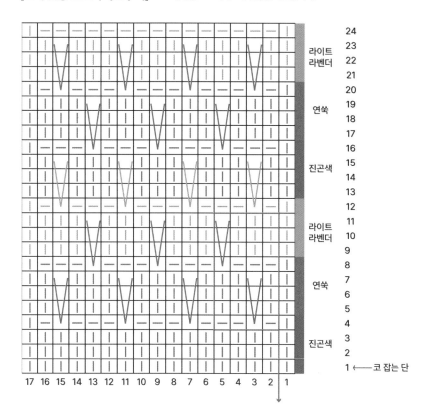

편물 연결 ◆ 1. 어깨와 뒷카라

앞뒤의 어깨는 덮어씌워 잇기(3 Needles Bind Off)로 연결합니다(▲▲).

뒷카라도 덮어씌워 잇기(3 Needles Bind Off)로 연결합니다.(■)

뒷 네크라인과 뒷카라의 단을 돗바늘을 이용하여 코와 단 잇기로 연결합니다.(●○)

이때, 중심을 먼저 몸판과 맞춘 후 고르게 분산하여 코와 단을 연결합니다.

2. 소매와 몸판

코 막음 하지 않은 소매와 어깨가 연결된 몸판의 암홀 라인을 돗바늘을 이용하여 코와 단 잇기로 연결합니다. 코 막음을 했을 경우 그 상태로 몸판과 코와 단 잇기를 합니다.

소매가 몸판과 연결된 후에는 몸판과 소매의 옆선을 돗바늘을 이용하여 옆선 잇기 합니다.

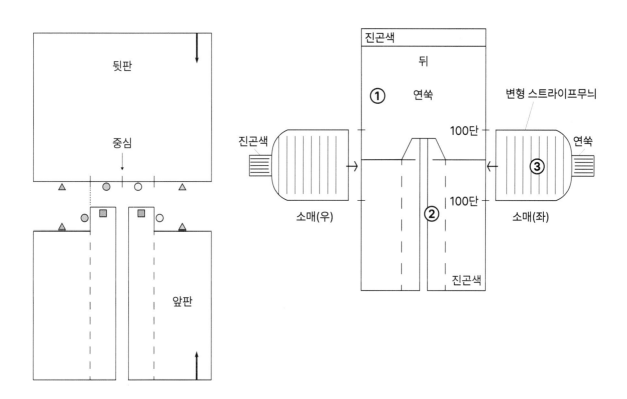

[뒤판 차트]

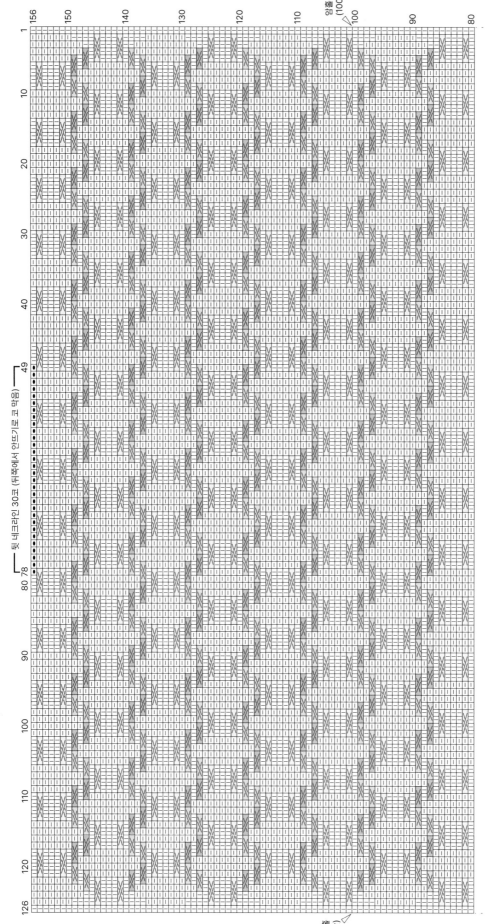

뒷 네크라인 30코 (뒤쪽에서 안뜨기로 코 막음)

암홀
(100단)

암홀
(100단)

점선 표시는 도안상 거리가 떨어져 있지만
실제로는 붙어 있다는 표시입니다.

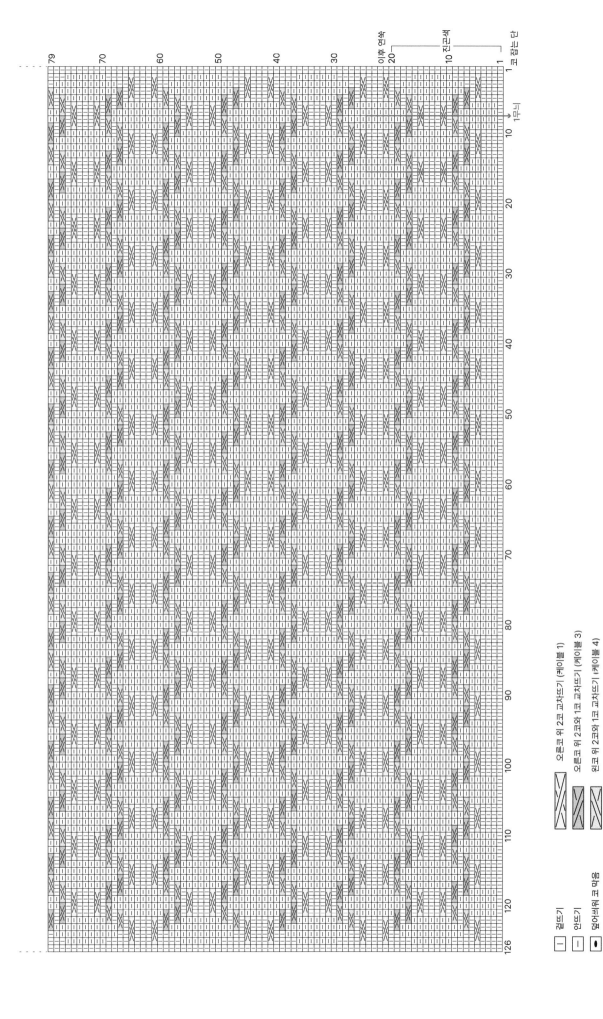

	겉뜨기			오른코 위 2코 교차뜨기 (케이블 1)
	안뜨기			오른코 위 2코와 1코 교차뜨기 (케이블 3)
				왼코 위 2코와 1코 교차뜨기 (케이블 4)
	앞어써워 코 막음			

[앞판 차트 R(오른쪽)]

I	겉뜨기
—	안뜨기
V	걸러뜨기
⅄	skpo
⅄	K2tog

✕	오른코 위 2코 교차뜨기 (케이블 1)
✕	왼코 위 2코 교차뜨기 (케이블 2)
✕	오른코 위 2코와 1코 교차뜨기 (케이블 3)
✕	왼코 위 2코와 1코 교차뜨기 (케이블 4)

156 150 140 130 120 110 100 90

18 10 1

양흉
(100단)

점선 표시는 도안상 거리가 떨어져 있지만
실제로는 붙어 있다는 표시입니다.

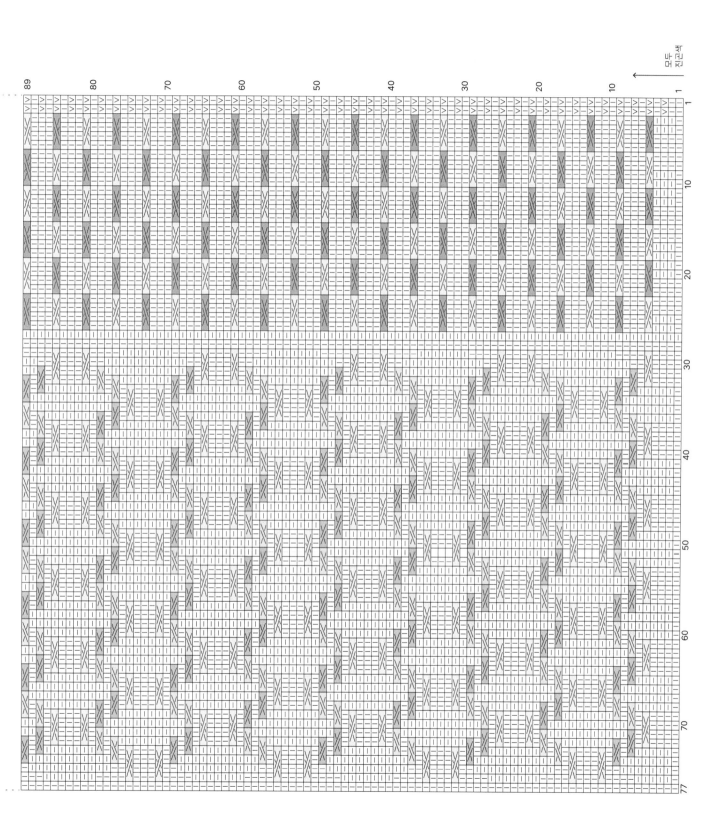

[앞판 차트 L(왼쪽)]

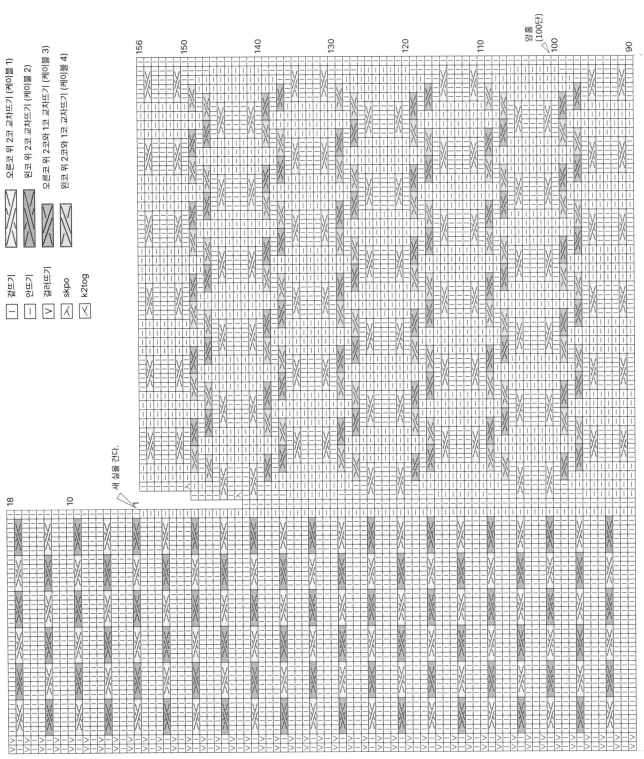

오른코 위 2코 교차뜨기 (케이블 1)

왼코 위 2코 교차뜨기 (케이블 2)

오른코 위 2코와 1코 교차뜨기 (케이블 3)

왼코 위 2코와 1코 교차뜨기 (케이블 4)

| | 겉뜨기

| — | 안뜨기

| V | 걸러뜨기

| ⅄ | skpo

| ⅄ | k2tog

새 실을 건다.

…… 점선 표시는 도안상 거리가 떨어져 있지만
실제로는 붙어 있다는 표시입니다.

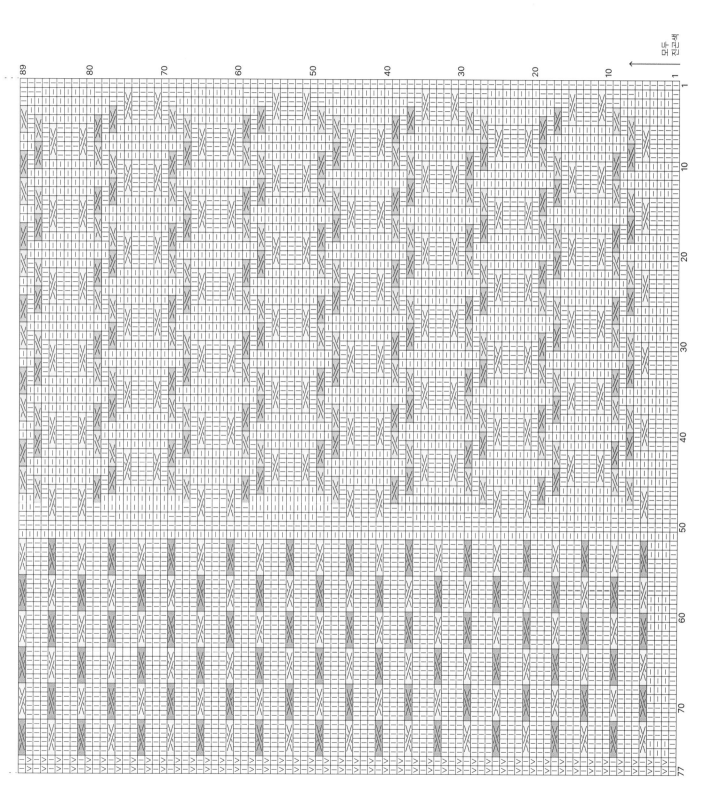

[소매 차트]

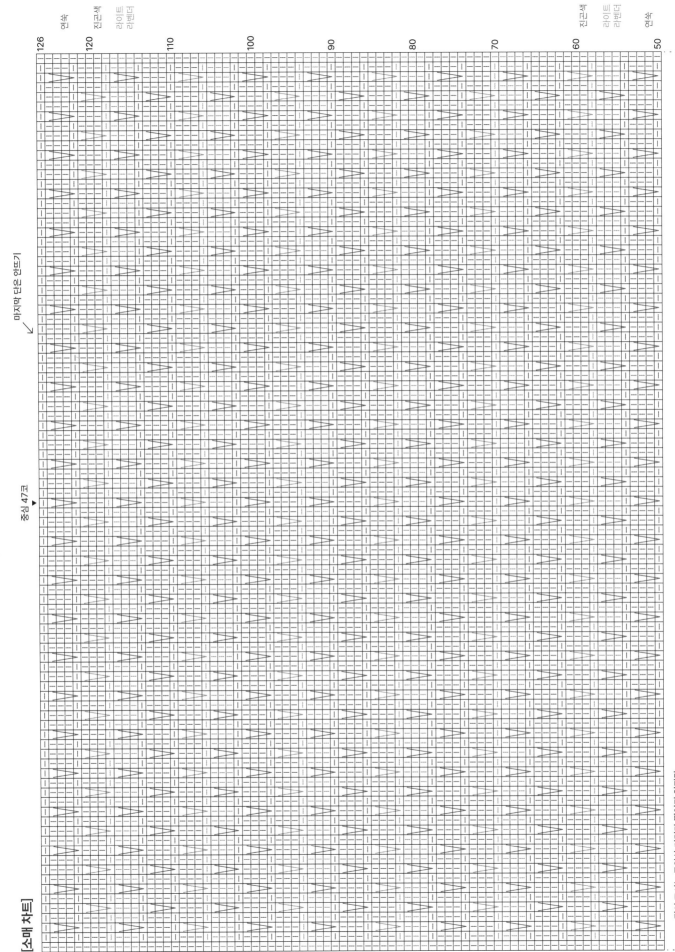

마지막 단은 안뜨기
↙

중심 47코
▶

연속
진군색
라이트
라벤더

연속
진군색
라이트
라벤더

연속

점선 표시는 도안상 거리가 떨어져 있지만
실제로는 붙어 있다는 표시입니다.

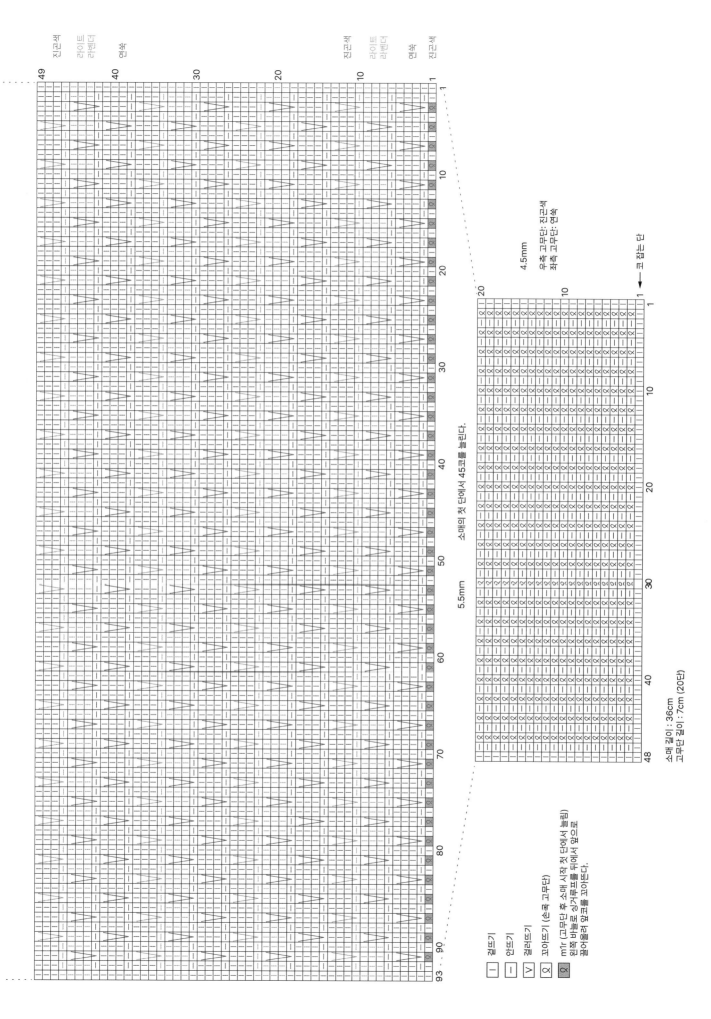

겉뜨기

안뜨기

겉러뜨기

꼬아뜨기 (손목 고무단)

m1r (고무단 후 소매 시작 첫 단에서 늘림) 왼쪽 바늘로 싱거루프를 뒤에서 앞으로 끌어올려 앞코를 꼬아뜨린다.

소매의 첫 단에서 45코를 늘린다.

4.5mm

우측 고무단: 진군색
좌측 고무단: 연쑥

5.5mm

← 코잡는 단

소매 길이 : 36cm
고무단 길이 : 7cm (20단)

Everyday Knitting Club

◆ ◆ ◆ ◆

Kimtteugae

Son yee hua

Ruth atelier

Gmoolwork

Looop

monsoon

my little peace

Jolup Kim

MignonKnit

Owllama Studio

Part 2
뜨개를 위한 기초

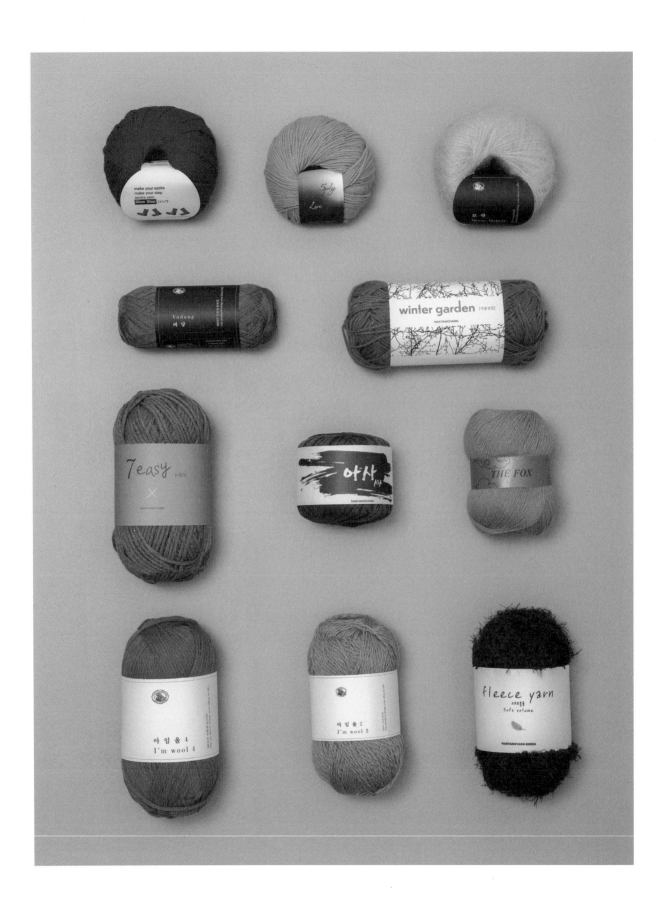

작품에 사용한 실

바당(VADANG)

코튼 100%로 만든 이 실은 얇은 굵기와 다양한 컬러로 이루어져 있어, 여러 가닥의 배색과 굵기 조절이 가능합니다. 원하는 굵기와 색 조합으로 개성 있는 작품을 만들 수 있습니다. 탄탄하면서도 부드러운 코마 면을 사용하여 촉감이 매우 부드럽고, 의류와 소품에 적합한 소재입니다.

찬물에서 손세탁을 권장하며 부드럽게 헹구고, 세탁기 사용 시 섬세 모드와 세탁망을 이용하고, 세탁 후 그늘에서 자연 건조하는 것이 좋습니다.

• Combed Cotton 100%
• 50g±5 / 422m

아사(ASA)

면과 리넨의 장점을 결합한 실입니다. 실켓 면과 리넨으로 제작된 아사는 40g의 가벼운 무게를 자랑하며, 실켓 면의 부드러움과 리넨 특유의 색감을 동시에 지니고 있습니다. 은은한 광택으로, 자연스럽게 차르르 떨어지는 느낌이 고급스러워 여름철 시원한 의류에 적합한 소재입니다.

찬물에서 손세탁을 권장하며 부드럽게 헹구고, 세탁기 사용 시 섬세 모드와 세탁망을 이용하고, 세탁 후 그늘에서 자연 건조하는 것이 좋습니다.

• Mercerized Cotton 58%, Linen 42%
• 40g±5 / 192m

럭스 5PLY(LUX 5PLY)

울과 아크릴 혼방사로 만들어진 이 실은 비교적 얇은 두께의 제품입니다. 촉감이 부드럽고 무늬 표현이 뛰어나 배색을 활용한 겨울 의류나 양말 제작에 적합합니다. 또한 블랭킷, 인형 등 다양한 제품에 활용할 수 있습니다. 울 섬유는 마찰이나 온도 변화에 민감하므로 찬물에서 손세탁을 권장합니다. 세탁기 사용 시 울 세탁 모드와 세탁망을 이용하고, 세탁 후 그늘에서 자연 건조하는 것이 좋습니다.

• Merino Wool 50%, Acrylic 50%
• 40g±5 / 112m

슬로우스텝(SLOW STEP)

나일론이 함유되어 내구성이 뛰어나며, 적당한 두께와 우수한 품질을 자랑하는 제품입니다. 'Make your socks, make your step'이라는 의미를 담고 있는 이름처럼 양말 제작에 적합한 실로, 양말을 만들었을 때 쉽게 구멍이 생기지 않아 오랫동안 사용할 수 있습니다. 럭스 5PLY보다 약간 더 볼륨감이 있으며, 무늬 표현이 뛰어나 아란 패턴 등 다양한 디자인에 적합합니다.

세탁기 섬세 모드에서 미지근한 물로 세탁 후 그늘에서 자연 건조하는 것이 좋습니다.

• Merino Wool 75%, Nylon 25%
• 50g±5 / 196m

폭스(THE FOX)

담비사로 만들어진 이 제품은 얇지만 뛰어난 보온성과 부드러운 촉감을 자랑합니다. 가볍고 부드러운 터치감이 특징이며, 한 가닥으로 가볍고 따뜻한 이너웨어나 스카프를 만드는 데 적합합니다. 또한, 다른 제품과 합사하여 두툼한 아우터를 제작하는 데에도 좋습니다. 고급스러운 제품에 잘 어울리는 소재입니다.

세탁 후 기모감이 풍성하게 올라와 뽀송뽀송하면서 따뜻하며, 손세탁 또는 세탁기 섬세 모드에서 미지근한 물로 세탁 후 그늘에서 자연 건조하는 것이 좋습니다.

- Ferret Hair 60%, Soybean Protein Fibre 40%
- 50g±5 / 290m

겨울정원(WINTER GARDEN)

라쿤모를 사용하여 맨살에 닿아도 부드러운 촉감과 과하지 않은 보풀감을 자랑합니다. 라쿤 제품의 특성상 약간의 털 빠짐이 있을 수 있지만, 그럼에도 부드러운 촉감이 매력적인 제품입니다. 기모감이 있으면서도 통통한 느낌의 실로, 무늬가 잘 살아나는 특징이 있습니다.

라쿤모와 울이 혼합된 섬세한 소재이므로 손세탁을 권장하며, 미지근한 물에서 울 전용 세제로 세탁 후 수건으로 물기를 눌러 제거하고, 그늘에서 자연 건조하는 것이 좋습니다.

- Raccoon Hair 50%, Wool 30%, Nylon 20%
- 50g±5 / 160m

세븐이지(7EASY)

울과 아크릴 혼방사로 만들어진 이 실은 부드러운 터치감에 뛰어난 품질과 합리적인 가격을 자랑합니다. 아크릴이 함유되어 있지만 촉감이 부드럽고, 도톰한 굵기를 가지고 있습니다. 다채로운 컬러로 구성되어 있으며, 쫀쫀하고 부드러운 특성 덕분에 편물을 뜰 때 유연함을 느낄 수 있습니다.

세탁기 섬세 모드에서 미지근한 물로 세탁 후 그늘에서 자연 건조하는 것이 좋으며, 손세탁 시 차가운 물로 헹구고 과도한 비틀기를 피하는 것이 좋습니다.

- Merino Wool 60%, Acrylic 40%
- 80g±5 / 131m

아임울2(I'M WOOL 2)

울 100%로, 가벼우면서 울의 내추럴한 특성이 살아 있어 터치감이 부드럽고 모양이 잘 잡히는 제품입니다. 아임울4보다 얇은 굵기와 포슬포슬한 느낌이 매력적인 제품입니다. 가벼운 무게와 뛰어난 형태감을 자랑하며, 페어아일 배색과 케이블 등 다양한 무늬 디자인을 표현하기에 적합합니다. 아우터나 스웨터 같은 의류는 물론, 목도리나 장갑 등 소품 제작에도 적합한 실입니다.

섬세한 울 소재의 특성을 고려하여 손세탁을 권장하며, 미지근한 물에서 울 전용 세제를 사용해 세탁 후 차가운 물로 가볍게 헹구고, 비틀지 않으며 수건으로 물기를 눌러 제거한 후 그늘에서 자연 건조하는 것이 좋습니다.

- Merino Wool 100%
- 40g±5 / 153m

아임울4(I'M WOOL 4)

울 100%로, 가벼우면서 울의 내추럴한 특성이 살아 있어 터치감이 부드럽고 모양이 잘 잡히는 제품입니다. 아임울2와 마찬가지로 울의 자연스러운 특성을 그대로 살리면서도 부드러운 터치감을 표현하였으며, 가벼운 무게와 뛰어난 형태감을 바탕으로 다양한 디자인을 표현하기에 적합한 실입니다. 단독으로 의류를 제작하기에 부담스럽지 않은 굵기를 가지고 있습니다.

섬세한 울 소재의 특성을 고려하여 손세탁을 권장하며, 미지근한 물에서 울 전용 세제를 사용해 세탁 후 차가운 물로 가볍게 헹구고, 비틀지 않으며 수건으로 물기를 눌러 제거한 후 그늘에서 자연 건조하는 것이 좋습니다.

• Merino Wool 100%
• 80g±5 / 145m

소프트볼륨(SOFT VOLUME, fleece yarn)

폭닥폭닥한 플리스 얀으로, 겨울철에 딱 좋은 실입니다. 보들보들한 촉감으로 부드러움을 선사하며, 털 빠짐이 적어 관리가 용이합니다. 따뜻하면서도 가벼운 중량을 자랑해 겨울철 포인트 아이템으로 적합합니다. 따뜻한 감촉과 편안함을 동시에 느낄 수 있는 실입니다.

폴리에스터 소재는 내구성이 좋지만, 세탁기 사용 시 섬세 모드로 세탁하거나 손세탁을 권장하며, 미지근한 물(30도 이하)에서 세탁하고, 그늘에서 자연 건조하는 것이 좋습니다. 다림질할 경우 실이 손상될 수 있으므로 주의합니다.

• Polyester 100%
• 80g±5 / 56m

모락 모헤어(MORAC MOHAIR)

멀버리 실크가 함유된 고급스러운 실크 모헤어 제품으로, 가볍고 풍성한 헤어가 특징입니다. 뛰어난 보온성을 자랑하며, 실크 함유량이 높아 촉감이 부드럽고 맨살에 닿아도 부담 없이 편안하게 착용할 수 있습니다. 우아한 광택과 세련된 컬러감이 돋보이는 제품입니다.

세탁 시 실의 고급스러운 특성을 고려하여 신중하게 다루는 것이 중요하며, 실크와 모헤어가 함유되어 있어 중성세제를 사용한 손세탁을 권장합니다. 세탁 후 차가운 물로 가볍게 헹구고, 수건으로 물기를 눌러 제거한 후 그늘에서 자연 건조하는 것이 좋습니다.

• Super Kid Mohair 69%, Mulberry Silk 31%
• 25g±5 / 252m

작품에 사용한 도구

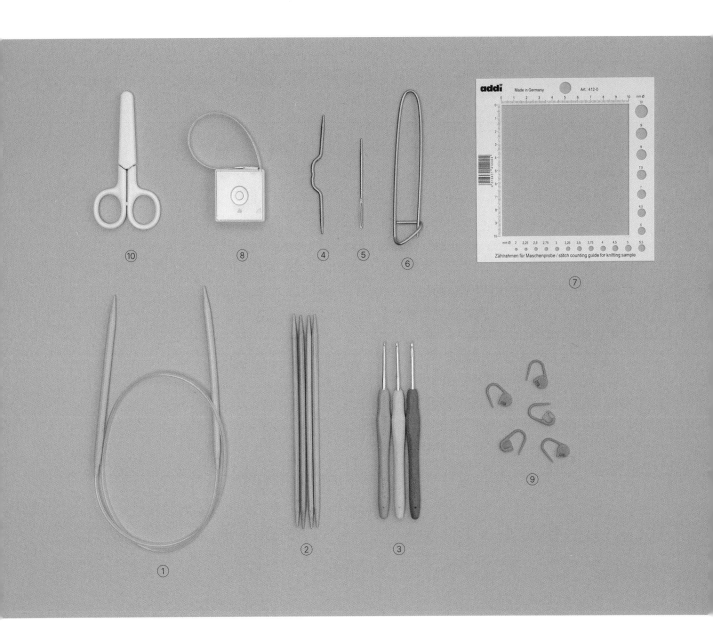

① 대바늘

대바늘은 다양한 두께와 길이를 사용하여 다양한 패턴과 질감을 만들어냅니다. 실과 패턴에 맞춰 대바늘의 사이즈를 조절해 원하는 크기의 작품을 만들 수 있습니다. 또한, 다양한 바늘 사이즈와 이를 연결해서 사용할 수 있는 케이블은 편리한 휴대성과 유연한 작업 환경을 제공합니다. 바늘을 쉽게 교체할 수 있고 길이를 조정할 수 있어 다양한 작업에 적합합니다.

② 장갑바늘

장갑바늘은 장갑이나 양말, 소품 등 작고 세밀한 작업을 할 때 사용하는 특수 바늘입니다. 주로 좁고 복잡한 형태의 작업에서 유용하며, 대바늘로는 작업하기 어려운 정밀한 부분이나 마지막 마무리 단계에서 세밀한 작업을 할 때 유용합니다.

③ 코바늘

코바늘은 코를 하나씩 떠가며 섬세한 작업을 할 수 있도록 도와주는 도구입니다. 대바늘과 달리 실을 끌어당겨서 코를 하나씩 만들고 이어가는 방식으로 작업을 진행합니다. 사슬뜨기, 짧은뜨기, 긴뜨기 등 다양한 기법을 사용해 복잡한 패턴이나 디테일을 살리는 데 유용합니다. 특히, 곡선형 디자인이나 섬세한 패턴을 만들 때 적합하며, 다양한 사이즈와 형태로 원하는 텐션과 스타일에 맞춰 작업할 수 있습니다.

④ 꽈배기바늘

복잡한 꽈배기 패턴을 만들 때 필요한 도구입니다. 다양한 교차뜨기와 케이블 패턴을 적용할 수 있게 도와주며, 복잡한 꼬임을 정확하게 잡아 패턴이 흐트러지지 않도록 합니다.

⑤ 돗바늘

돗바늘은 실을 쉽게 꿰어 깔끔하게 마무리 작업을 할 수 있게 도와주는 도구입니다. 주로 실 끝 처리와 마무리 작업에 사용되며, 편물의 꼬리실을 숨기거나 옷에 디테일을 추가하는 데 유용합니다.

⑥ 뜨개질 홀더

뜨개질 홀더는 작업 중 실이나 코가 풀리지 않도록 고정하는 도구입니다. 여러 개의 코를 잠시 쉬게 하거나 다른 부분을 작업할 때 유용하게 사용됩니다. 홀더를 사용하면 코가 엉키거나 빠지는 일 없이 작업을 이어나갈 수 있고, 코를 안전하게 걸어두거나 고정된 코를 쉽게 이동할 수 있도록 도와주기 때문에 작업이 더욱 효율적이고 편리해집니다.

⑦ 게이지 자

게이지 자는 정확한 패턴을 구현하기 위한 필수적인 도구입니다. 코와 단의 수를 체크하여 원하는 사이즈의 작품을 만들 수 있도록 도와줍니다. 특히, 실 굵기와 바늘 사이즈에 따라 게이지가 달라지므로 작업을 시작할 때 게이지 자를 사용하여 미리 확인하는 것이 중요합니다.

⑧ 줄자

정확한 길이나 크기를 재는 데 필요한 도구입니다. 작품의 길이, 품, 소매 등의 치수를 정확히 재거나 반복되는 패턴을 만드는 데 유용합니다. 예를 들어 코를 떠서 패턴을 반복하거나 무늬의 크기와 간격을 맞추는 등 뜨개질의 완성도를 높이기 위해 치수를 정확히 재는 것이 중요합니다.

⑨ 마커

마커는 작은 고리 형태로, 작업 중 특정 지점이나 반복되는 패턴을 표시하는 도구입니다. 주로 시작 지점, 패턴 전환 시, 코 위치를 표시할 때 사용됩니다. 특히, 복잡한 패턴이나 반복되는 기법을 작업할 때 유용합니다. 여러 색상의 마커링을 사용하면 각 부위를 쉽게 구분할 수 있어 더욱 편리하게 사용할 수 있습니다.

⑩ 가위

실을 자를 때 사용합니다.

게이지 알아보기

게이지는 일정한 면적 안에 들어가는 콧수와 단수를 의미합니다. 뜨개는 같은 실과 바늘을 사용하더라도 사람마다 실을 당기는 강도가 달라 작품의 사이즈가 달라질 수 있습니다. 이에 대부분의 의류 도안에는 원작자가 사용한 바늘 사이즈와 게이지를 함께 표기합니다. 아래 예시를 참고하여 나의 게이지를 원작자의 게이지와 맞추는 방법을 배워봅니다.

원작 도안

- 사용 바늘: 5mm

- 게이지: 20코 30단(10x10cm)

나의 게이지를 확인하는 방법

1. 도안에서 사용된 바늘 사이즈(5mm)로 가로와 세로가 각각 10cm 이상이 되는 편물을 떠봅니다.

2. 10cm 안에 들어가는 코와 단의 개수를 확인합니다.

나의 게이지를 도안의 게이지에 맞추는 방법

도안에서 안내한 바늘 사이즈로 만든 게이지를 준비합니다.

- 도안의 게이지가 20코 30단, 나의 게이지가 16코 24단으로 수치가 더 작을 경우

바늘을 4.5mm, 4mm 등 작은 사이즈로 바꿔가며 20코 30단이 나오거나 가장 가까운 수치가 나오는 바늘로 작품을 만듭니다.

- 도안상의 게이지가 20코 30단, 나의 게이지가 24코 36단으로 수치가 더 클 경우

바늘을 5.5mm, 6mm 등 큰 사이즈로 바꿔가며 20코 30단이 나오거나 가장 가까운 수치가 나오는 바늘로 작품을 만듭니다.

위처럼 작품을 만들기 전 도안에 나와있는 게이지의 콧수와 단수를 확인한 후 바늘 사이즈를 조절하여 원작자가 의도한 사이즈의 작품을 만들 수 있도록 하는 것을 게이지 조절이라고 합니다. 도안을 제작한 작가의 게이지와 나의 게이지를 비교해서 원하는 사이즈의 옷을 만들 수 있도록 합니다.

❖ ❖ ❖

도안 읽기

『에브리데이 니팅 클럽』의 도안은 서술형 또는 차트 도안으로 안내합니다. 각 단계를 순서대로 따라가면 작품을 완성할 수 있습니다.

1. 사이즈 확인

사이즈가 여러 개일 경우 동일한 과정에서 각 사이즈별로 콧수, 단수 등을 다르게 적용해야 하는 정보를 구분하기 위해 '소괄호'를 이용하여 표시합니다.

예를 들어 사이즈가 S (M, L, XL) 또는 S (M) L로 나열된 경우 작은 사이즈부터 시작하여 순서대로 콧수를 확인합니다. 어떤 사이즈로 만들지 결정했다면 아래 예시처럼 해당 사이즈의 위치를 색상으로 표시해 놓으면 쉽게 파악할 수 있습니다.

S (M) L 중 S 사이즈를 뜨는 경우 S 사이즈의 위치에 노란색으로 표시합니다.

두 번째 바늘에 각 12 (12) 14코, 총 24 (24) 28코를 만듭니다.

또한 전체 사이즈를 서술한 부분과 일부 사이즈만 서술한 부분을 구별하기 위해 "-", "0" 표기를 사용하는 경우도 있습니다.

- : 설명에 포함되는 사이즈가 아니므로 해당 사항 없음

0 : 설명에 포함되는 사이즈이나 0번. 즉, 뜨지 않음

> **예** S (M) L 중 아래 설명은 S, M 사이즈만 뜹니다.
>
> [겉8, k2tog]를 2 (16) -번 반복하고, [겉9, k2tog]를 12 (0) -번 반복합니다.

• M 사이즈를 뜨는 경우

→ [겉8, k2tog]는 16번 반복하고, [겉9, k2tog]는 0번이므로 뜨지 않습니다.

→ L 사이즈는 이 설명에 포함되지 않는 사이즈이기 때문에 "-"로 표기됩니다.

2. 단-코-회 늘임/줄임

> 2-1-1

위와 같은 표기는 목, 소매, 암홀 등 진동 둘레의 늘임/줄임 공식 표기입니다. 'N단에 N코씩 N회 늘임/줄임'을 간단하게 줄여 'N-N-N'로 약속한 표기이므로, 순서는 '단-코-회'로 고정합니다. 따라서 위의 '2-1-1'의 경우 '2단에 1코씩 1회를 늘이거나 줄인다'라고 읽으면 됩니다.

6단평
2-1-4
2-2-1
2-4-1
6코 막음

하지만 위와 같이 여러 가지가 중첩되어 있는 표기도 있습니다. 바텀업 도안의 경우 아래에서 위로 읽고, 탑다운 도안의 경우 위에서 아래로 읽습니다. '단-코-회' 표기는 주로 바텀업 도안의 도식화에서 사용됩니다.

위 표기가 바텀업 도안의 앞목 둘레 부분이라고 간주하면 다음 순서로 읽습니다.

1. 6코 막음

중앙 6코를 덮어씌워 코 막음합니다.

2. 2-4-1

2단에 4코씩 1회 줄여줍니다.

3. 2-2-1

2단에 2코씩 1회 줄여줍니다.

4. 2-1-4

2단에 1코씩 4회 줄어줍니다.

5. 6단평

나머지 6단은 줄임 없이 평단으로 뜹니다.

3. 차트 도안

차트 도안은 '겉면'을 기준으로 안내되어 있습니다. 작품이 완성되었을 때 바깥으로 보이는 쪽이 '겉면'이며 안쪽 부분이 '안면'입니다.

평면 뜨기

편물의 앞면과 뒷면을 뜰 때 차트에서 지그재그 방향으로 올라가며 뜨는 기법을 평면 뜨기라고 하며, 편물 앞면과 뒷면를 뒤집으며 뜨는 것을 말합니다. 카디건 앞판과 뒤판(소매 제외)이나 목도리, 블랭킷 등이 이에 해당합니다.

원형 뜨기

원을 그리며 뜨개질하는 기법을 원형 뜨기라고 합니다. 스웨터, 베스트, 비니 등이 이에 해당합니다.

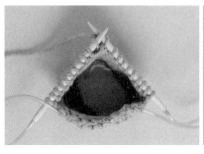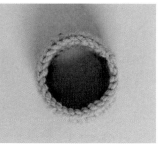

평면 뜨기와 원형 뜨기 방법이 조금씩 다르기 때문에 아래의 설명을 참고하면 더 좋습니다.

[메리야스 뜨기]

위에서 설명한 바와 같이 도안은 겉면을 기준으로 표시되어 있습니다. 따라서 위 차트 도안을 보고 뜨는 경우 겉면을 보고 시작하는 1단은 겉뜨기로, 편물을 한 번 뒤집은 후 안면을 보고 뜨는 2단은 겉뜨기의 반대인 안뜨기로 뜨게 됩니다. 이후 편물을 다시 뒤집고 겉면을 보고 뜨게 되는 3단은 겉뜨기로, 도안에 나와 있는 기호에 유의하며 반복하여 떠 갑니다. 단, 원통 뜨기는 겉면만을 바라보고 뜨는 기법이기 때문에 도안 기호를 보이는대로 뜨면 됩니다.

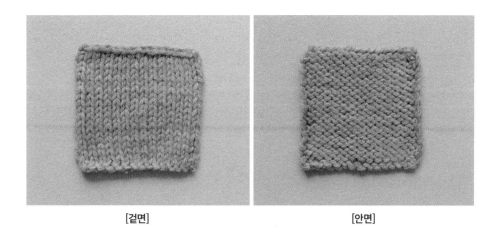

[겉면]   **[안면]**

위 첫 번째 편물 사진을 보면 'V'자 모양이 보이는데, 이는 겉뜨기했을 때의 모습입니다. 두 번째 사진의 안면을 보면 안뜨기는 'ㅡ'자 모양으로 만들어지는 것을 볼 수 있습니다. 겉면에서 겉뜨기 모양으로 보이길 원한다면 뒷면(안면)에서는 안뜨기로 떠야 겉면에서 모두 겉뜨기 모양으로 보인다는 점을 참고해주세요.

차트 도안을 볼 때에는 다음 단이 어떤 기법으로, 몇 코 정도를 떠야 하는지 파악한 후 겉면과 안면의 무늬를 확인하면서 작업하는 것을 추천합니다.

대바늘 뜨개 약어

기본	
겉	겉뜨기
안	안뜨기
경사뜨기	
DS	더블 스티치
걸러뜨기	
sl wyif	실을 앞에 두고 1코 걸러뜨기
sll wyib	실을 뒤에 두고 1코 걸러뜨기
sl1p	안뜨기 방향으로 걸러뜨기
sl1k	겉뜨기 방향으로 걸러뜨기
줄임/늘림	
k2tog	왼코 모아 겉뜨기
p2tog	왼코 모아 안뜨기
skpo	오른쪽 모아 겉뜨기
ssk	오른코 모아 겉뜨기
m1l	왼코 1코 겉뜨기로 늘리기
m1r	오른코 1코 겉뜨기로 늘리기
m1lp	왼코 1코 안뜨기로 늘리기
m1rp	오른코 1코 안뜨기로 늘리기
RLI	오른코 1코 끌어올려 늘리기
yo	바늘 비우기
마커	
SM	마커 오른쪽 바늘로 옮기기
PM	마커 걸기
RM	마커 제거하기
PBORM	원형 뜨기 시작 부분에 시작 마커 걸기
색상	
MC	메인 컬러
CC	배색 컬러

❖ ❖ ❖

기본 기법

대바늘

01 코 잡기

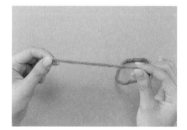

1. 떠야 할 편물의 가로 길이 3.5배 지점을 찾는다.

2. 실 아래로 왼손 검지와 엄지를 사진과 같이 넣고, 나머지 손가락으로 남은 실을 잡는다.

3. 고리 뒤쪽으로 오른손 검지와 엄지를 넣고, **왼손** 엄지와 검지로 **실**이 걸린 상태로 벌려 사진처럼 고리를 만든다.

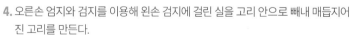

4. 오른손 엄지와 검지를 이용해 왼손 검지에 걸린 실을 고리 안으로 빼내 매듭지어진 고리를 만든다.

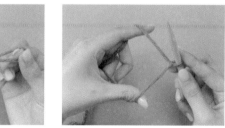

5. 고리에 바늘을 넣어 당기면 첫 코가 완성된다.

6. 왼손 엄지와 검지를 이용해 사진과 같이 두 가닥의 실을 잡고 벌린 뒤 손바닥이 보이도록 바깥쪽으로 돌린다.

7. 바늘을 엄지에 걸린 실 아래로 넣는다.

8. 바늘을 검지 위쪽으로 끌고 가서 검지에 걸린 실 위에서 아래로 넣는다.

9. 바늘을 엄지에 걸려 있는 실 사이로 빼고, 엄지에 걸린 실을 뺀다.

10. 실 두 가닥을 엄지와 검지로 벌려 매듭을 조인다.

02 겉뜨기

1. 실이 뒤에 있는 상태에서 오른쪽 바늘을 코의 앞에서 뒤로 넣는다.

2. 실을 바깥에서 안으로 한 바퀴 감아준 뒤 실을 걸어서 뺀다.

03 안뜨기

1. 실이 앞에 있는 상태에서 오른쪽 바늘을 코의 뒤에서 앞으로 넣는다.

2. 실을 뒤에서 앞으로(반시계 방향) 한 바퀴 감아준 뒤 실을 걸어서 뺀다.

04 **Kfb**-1코를 겉뜨기로 뜨면서 늘리기

1. 실이 바깥에 있는 상태에서 겉뜨기하듯 실을 걸고, 실이 걸린 오른쪽 바늘을 코 안으로 뺀다. 이때, 왼쪽 바늘에 걸린 실은 빠지지 않는다.

2. 방금 뜨다 만 왼쪽 바늘에 걸린 코 뒤로 바늘을 찔러 넣는다.

3. 겉뜨기하듯 실을 걸어 뺀다.

05 Pfb-1코를 안뜨기로 뜨면서 늘리기

1. 실이 앞에 있는 상태에서 안뜨기하듯 실을 걸고, 실이 걸린 오른쪽 바늘을 코 안으로 뺀다. 이때 왼쪽 바늘에 걸린 실은 빼지 않는다.

2. 방금 뜨다 만 왼쪽 바늘에 걸린 코의 뒤에서 앞으로 바늘을 찔러 넣는다.

  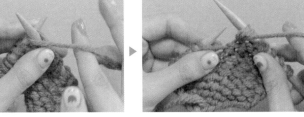

3. 안뜨기하듯 실을 걸어 뺀다.

06 감아코

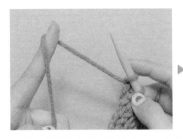  

1. 왼손 검지에 실을 뒤에서 앞으로 감고, 오른쪽 바늘을 아래에서 위로 넣어준 뒤 손가락을 뺀다.

2. 실을 조이면 감아코가 완성된다.

07 코에서 코 줍기

1. 오른쪽 맨 끝 코부터 왼쪽으로 코를 줍는다. 첫 'V'자 중심에 바늘을 찌른다.

2. 새로운 실을 바늘에 걸어주고, 들어왔던 곳으로 실을 뺀다.   **3.** 다음 코부터 반복한다.

08 단에서 코 줍기

1. 오른쪽 맨 끝 코부터 왼쪽으로 코를 줍는다. 마지막 한 줄('V'자가 세로로 이어지는 줄)의 가장 위쪽 코(V자)에 바늘을 찌른다.   **2.** 새로운 실을 바늘에 걸어주고, 들어왔던 곳으로 실을 뺀다.

3. 다음 코부터 반복한다.

(Tip) 코에서 코 줍기와 달리 단에서 코 줍기는 모든 단마다 코를 줍지 않는다. 모든 단에서 코를 주울 경우 단의 길이보다 주운 코의 길이가 더 길어져 주운 부분이 울게 된다. 따라서 도안에서 주워야 하는 콧수만큼 줍거나 통상적으로 3코 중 1코를 띄우며 줍는다.

09 **m1l**-왼코 1코 겉뜨기로 늘리기

1. 실을 편물 뒤에 두고, 오른쪽 바늘로 코와 코 사이에 있는 가로 실(싱커루프)을 끌어올려 실의 왼쪽이 바늘 뒤로 가도록 왼쪽 바늘에 걸어준다.

2. 끌어올린 코의 뒤쪽 실 앞에서 뒤로 오른쪽 바늘을 찔러 겉뜨기한다.

10 **m1r**-오른코 1코 겉뜨기로 늘리기

1. 실을 편물 뒤에 두고, 오른쪽 바늘로 코와 코 사이에 있는 가로 실(싱커루프)을 끌어올려 실의 오른쪽이 바늘 뒤로 가도록 왼쪽 바늘에 걸어준다.

2. 끌어올린 코의 앞쪽 실 앞에서 뒤로 오른쪽 바늘을 찔러 겉뜨기한다.

11 m1lp-왼코 1코 안뜨기로 늘리기

1. 실을 편물 앞에 두고, 오른쪽 바늘로 코와 코 사이에 있는 가로 실(싱커루프)을 끌어올려 실의 왼쪽이 바늘 뒤로 가도록 왼쪽 바늘에 걸어준다.

2. 끌어올린 코의 뒤쪽 실 뒤에서 앞으로 오른쪽 바늘을 찔러 안뜨기한다.

12 m1rp-오른코 1코 안뜨기로 늘리기

1. 실을 편물 앞에 두고, 오른쪽 바늘로 코와 코 사이에 있는 가로 실(싱커루프)을 끌어올려 실의 오른쪽이 바늘 뒤로 가도록 왼쪽 바늘에 걸어준다.

2. 끌어올린 코의 앞쪽 실에 오른쪽 바늘을 찔러 안뜨기한다.

13 **k2tog**-왼코 모아 겉뜨기

1. 실을 편물 뒤에 두고 두 코에 한 번에 바늘을 찔러 겉뜨기한다.

14 **p2tog**-왼코 모아 안뜨기

1. 실을 편물 앞에 두고 두 코에 한 번에 바늘을 찔러 안뜨기한다.

15 **skpo**-오른코 모아 겉뜨기

1. 왼쪽 바늘의 첫 번째 코를 겉뜨기 방향으로 오른쪽 바늘에 옮긴다.　　**2.** 다음 코를 겉뜨기한다.

3. 처음 겉뜨기 방향으로 옮겼던 코를 방금 겉뜨기한 코 위에 덮어씌운다.

16 ssk-오른코 모아 겉뜨기

1. 왼쪽 바늘의 두 코를 겉뜨기 방향으로 오른쪽 바늘에 옮긴다.

2. 왼쪽 바늘을 오른쪽 바늘에 걸린 두 코 앞으로 한 번에 찌른다.

3. 그대로 오른쪽 바늘로 실을 빼오면서 한 번에 겉뜨기한다.

17 ssp-오른코 모아 안뜨기

1. 왼쪽 바늘의 두 코를 겉뜨기 방향으로 오른쪽 바늘에 옮긴다.

2. 방금 옮겨 준 두 코를 다시 왼쪽 바늘에 그대로 옮긴다.

3. 이 두 코를 한 번에 왼쪽 바늘의 뒤쪽에서 안뜨기한다.

18 yo-바늘 비우기

1. 실을 뒤에서 앞으로 가져와 오른쪽 바늘을 감고 그 다음 코를 진행한다.

2. 바늘 비우기 후 몇 단을 진행한 모습이다.

19 덮어씌워 코막음

1. 왼쪽 바늘의 두 코를 겉뜨기한다.

2. 이전에 뜬 코를 방금 뜬 코에 덮어씌운다.

20 꼬아뜨기(겉뜨기) * 꼬아뜨기 시작 전 바늘에 걸린 코 가닥의 방향이 오른쪽 가닥이 앞쪽에 있는지 확인한다.

1. 바늘에 걸린 코의 뒤쪽에 바늘을 앞에서 뒤쪽으로 넣는다.　**2.** 그대로 실을 걸어 뺀다.

21 꼬아뜨기(안뜨기) * 꼬아뜨기 시작 전 바늘에 걸린 코 가닥의 방향이 오른쪽 가닥이 앞쪽에 있는지 확인한다.

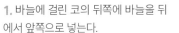

1. 바늘에 걸린 코의 뒤쪽에 바늘을 뒤에서 앞쪽으로 넣는다.　**2.** 그대로 실을 걸어 뺀다.

22 매직루프 원통 뜨기

23 메리야스 세로 잇기

24 메리야스 가로 잇기

01 사슬뜨기

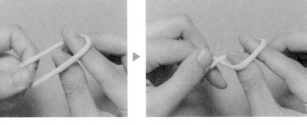

1. 꼬리실을 10cm 정도 남기고 고리를 만든다.

2. 고리 안으로 오른손 엄지와 검지를 넣고, 왼손으로 고리의 아랫부분을 한 번 꼬아준다.

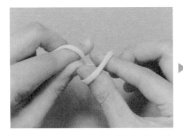
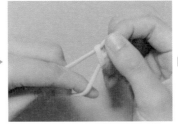
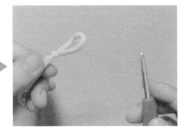

3. 오른손으로 고리 안에서 실(긴 쪽)을 빼내어 당기면 고리가 만들어진다.

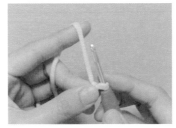

4. 고리에 코바늘을 넣고, 양쪽 실을 당겨 고리를 조인다.

5. 왼손 검지에 실(긴 쪽)을 걸어 잡고, 코바늘을 실 안쪽에서 바깥쪽으로 실을 감고 고리 안쪽으로 뺀다.

6. 사슬코 1코 완성. 원하는 만큼 반복한다.

02 짧은뜨기

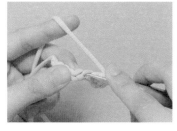  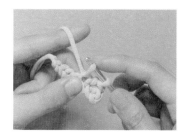

1. 코에 바늘을 찔러 넣어서 실을 바늘에 감고 뺀다.　　　　　　　　　　　　　**2.** 바늘에 걸린 2가닥의 실을 확인한다.

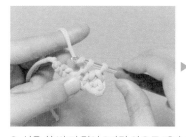 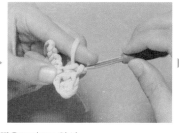 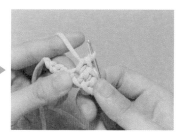

3. 실을 한 번 더 걸어 2가닥 안으로 뺀다. 짧은뜨기 1코 완성.

03 긴뜨기

1. 바늘에 실을 한 번 감은 채 코에 바늘을 찔러 넣어서 실을 바늘에 감고 뺀다.　　　**2.** 바늘에 걸린 3가닥의 실을 확인한다.

 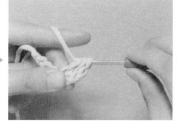 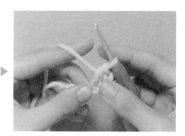

3. 실을 한 번 더 걸어 3가닥 안으로 뺀다. 긴뜨기 1코 완성.

04 한길긴뜨기

1. 바늘에 실을 한 번 감은 채 코에 바늘을 찔러 실을 바늘에 감고 뺀다.　　**2.** 바늘에 걸린 3가닥의 실을 확인한다.

3. 실을 한 번 더 감아 2가닥 안으로 뺀다.

4. 실을 한 번 더 감아 2가닥 안으로 뺀다. 한길긴뜨기 1코 완성.

05 빼뜨기 * 단을 마무리하거나 단을 정리할 때 주로 사용하는 기법

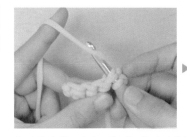  

1. 마무리되는 단의 코에 바늘을 넣어서 실을 바늘에 걸고 한 번에 그대로 뺀다.

06 원형 기초코

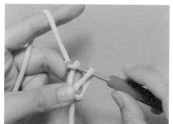

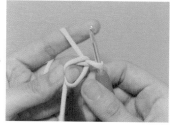

1. 실로 고리를 만들어 매듭을 묶지 않고 엄지와 중지로 고리를 고정한다. 꼬리 실은 앞쪽에 있어야 한다.

2. 고리 안으로 바늘을 넣어 실을 바늘에 감고 뺀다.

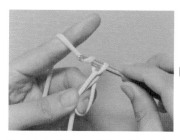

3. 사슬을 1코(짧은뜨기일 경우) 만든다. 긴뜨기의 경우 2코, 한길긴뜨기의 경우 3코 만든다.

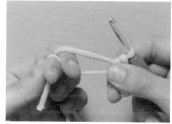

4. 고리 인에 짧은뜨기, 긴뜨기, 힌길긴뜨기 등의 고를 필요한 만큼 뜨고, 꼬리실을 잡아당겨 코를 모아준다.

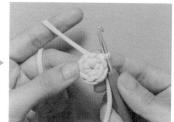

5. 첫 번째 코에 빼뜨기하여 기초코 완성.

**Collect
34**

대바늘·코바늘로 뜨는 니트와 소품 13
에브리데이 니팅 클럽

1판 1쇄 인쇄 2025년 1월 13일
1판 1쇄 발행 2025년 1월 20일

글 낙양모사
발행인 김태웅
기획편집 정보영, 김유진
도안 검수 박서현
디자인 정윤경
포토그래퍼 이승재
스타일리스트 김한나
헤어&메이크업 윤서현
모델 김윤수, 황서후
마케팅 총괄 김철영
마케팅 서재욱, 오승수
온라인 마케팅 양희지
인터넷 관리 김상규
제작 현대순
총무 윤선미, 안서현, 지이슬
관리 김훈희, 이국희, 김승훈, 최국호

발행처 ㈜동양북스
등록 제2014-000055호
주소 서울시 마포구 동교로22길 14(04030)
구입 문의 전화 (02)337-1737 팩스 (02)334-6624
내용 문의 전화 (02)337-1734 이메일 dymg98@naver.com

ISBN 979-11-7210-087-2 13630